충동의 주체와 정신분석 임상
정신분석은 신경증을 어떻게 치료하는가?

충동의 주체와 정신분석 임상

정신분석은 신경증을 어떻게 치료하는가?

prologue

정신분석의 재발명

프로이트의 정신분석은 신경증을 치료하기 위한 심리치료로서 발명되었습니다. 그는 증상에 무의식적인 의미들이 존재하며 그 의미를 밝혀내어 의식화하면 증상이 사라진다고 보았습니다. 이것이 바로 그 유명한 '무의식-전의식-의식'의 3항으로 이루어진 1차 토픽이론입니다. 이 이론에 기반을 둔 치료에서 환자는 자유 연상을 하고 분석가는 그것들을 들은 후 해석을 통해 의미들을 밝혀냅니다. 프로이트는 환자가 자신의 무의식에 접근하는 일을 불가능하다고 보았기 때문에 분석가의 해석은 무의식을 밝혀내는 중요한 도구가 되었습니다. 즉, 프로이트의 정신분석 임상은 분석가의 해석을 통해서 증상의 원인인 무의식적 의미를 밝혀내는 것을 목표로 했습니다.

하지만 말년에 프로이트는 증상을 영구적으로 제거하는 것이 불가능할지 모른다는 생각을 하게 됩니다. 아무리 해석을 해도 증상이 사라지지 않았던 것이죠. 분석을 통해 증상이 사라졌다 하더라도 일정 시간이 지나면 되돌아왔습니다. 그는 이 이유를 해명하기 위해 새로운 이론을 개발합니다. 이 이론이 바로 '이드-자아-초자아'로 이루어진 2차 토픽입니다. 2차 토픽에 따르면 증상은 무의식적 의미 때문에 발생하는 것이 아니라 충동과 자아 사이의 갈등 때문에 발생합니다. 충동이 자아보다 강해져서 터져 나오려고 하면 증상이 생겨나고 충동이 약해지면 증상이 사라집니다. 그런데 인간에게서 충동을 완전히 제거하는 것은 불가능하므로 증상의 완전한 제거도 불가능한 일이 됩니다. 증상이 나타난다면 다시 분석을 시작해서 그것들을 제거하는 수밖에 없습니다. 이 때문에 프로이트는 정신분석을 '끝낼 수 없는 작업'이라고 간주하게 됩니다.

해석을 통해서 증상이 일시적으로 사라지는 것은 명백한 사실입니다. 하지만 해석을 통해 증상이 사라지는 까닭은 프로이트가 생각했던 이유와는 다릅니다. 초기 프로이트는 무의식이 의식화되었기 때문에 증상이 사라진다고 보았습니다. 하지만 2차 토픽의 관점에서 보면 진실은 충동의 수준에 있습니다. 분석가의 해석은 환자의 충동을 만족시켜줍니다. 실제 충동을 실현하는 것은 아니지만, 대리만족을 제공한다는 것이죠. 그렇기 때문에 분석가가 해석을 하게 되면 충동의 요구가 일시적으로 약해지고 증상이 사라지게 되는 것입니다.

분석가가 해석하는 일은 상징적으로 사랑을 베푸는 것을 의미합니다. 주체는 분석가에게 해석할 수 있는 지식이 있다고 간주합니다. 따라서 주체는 분석가가 해석을 한다면 주체를 사랑하며, 반대로 해석하지 않는다면 주체를 사랑하지 않는다고 이해합니다. 분석가의 해석을 받으면서 주체는 사랑받고 있다는 감각을 느끼게 되고 만족을 얻습니다. 이때 충동은 일시적으로 약해지고, 따라서 증상이 사라집니다. 증상은 마치 아이의 울음과도 같습니다. 아이는 욕구가 발생하면 그것을 울음과 발버둥으로 표현합니다. 엄마는 그것을 해석하여 아이가 원하는 것들을 줍니다. 무의식이 원하는 것은 바로 이 상황입니다. 엄마가 아이를 먹여주듯, 분석가가 해석을 먹여주기를 기대하는 것이죠.

영미권의 정신분석가들은 이 과정을 통해 '발달'이 일어난다고 말합니다. 분석가로부터 해석을 하게 되면 주체성의 변화가 일어나는 것은 사실입니다. 주체는 자신을 만족시켜주는 분석가를 사랑하게 되기 때문입니다. 이 사랑받고 있다는 감각 속에서 주체는 자신의 만족을 포기하고 서서히 치료적 변화를 일으킵니다. 분석가가 원한다고 생각되는 모습에 동일시하기 위해서 노력하게 됩니다. 과거의 모습과는 달라지기 위해 노력하게 되고, 분석가가 이상적이라 생각하는 모습에 동일시를 하게 됩니다. 실제로 주체에게서는 극적인 변화들도 일어납니다. 지금까지 할 수 없다고 간주하였던 그런 일들도 하게 되죠. 정신분석가들이 발달이라고 말하는 것은 바로 이런 상황입니다.

하지만 이 변화에는 큰 한계가 있습니다. 분석을 통해서 이뤄낸 효과는 분석가와의 애정적 관계가 흔들리지 않는 한에서만 유지됩니다. 주체가 충동의 요구를 포기한 만큼 이는 분석가의 사랑으로 보답 받아야 합니다. 만약 그렇지 못하면 분석가에 대한 전이가 부정적인 형태로 변하게 되면서, 분석으로 이뤄낸 성취는 사라지게 되죠. 그런데 문제는 정신분석가와의 관계가 반드시 부정적인 형태로 변할 수밖에 없다는 사실에 있습니다. 주체는 분석가로부터 사랑받기 위해 노력하지만, 주체의 노력은 결코 보답 받을 수 없습니다. 이것은 단순히 분석가가 주체를 제대로 보살피지 못하기 때문이 아니라 전이적 사랑이 갖는 구조적인 이유 때문입니다.

주체는 분석가에게 '모든 지식'이 있기를 기대합니다. 분석가에게 지식이 없다면 해석할 수 없게 되고 이는 사랑받지 못함을 의미하기 때문입니다. 따라서 주체는 분석가에게 계속해서 해석을 요구하게 되고 해석하는 분석가는 주체의 요구에 지속해서 부응하는 수밖에 없습니다. 하지만 분석가가 모든 것을 알고 있다고 믿는 것은 환상에 불과합니다. 유아가 자신의 부모에 대한 전능성을 믿는 것처럼 말이죠. 주체에게 증상이 나타난 이유는 부모의 지식이 불완전하기 때문입니다. 이때 주체는 부모로부터 사랑받지 못한다고 느끼게 되고 이 결핍감 속에서 증상이 나타납니다. 하지만 주체는 모든 것을 알고 있는 타자에 대한 환상을 포기하지 못합니다. 주체는 이 결핍을 부모 개인의 결핍이라고 생각합니다. 부모가 아니라 다른 누군가는 더 많이 알고 있을 것이라 믿게 되고, 그 타자를 찾게 됩니다. 이때, 정신분석가가 그 기대에 부응하는 것입니다.

하지만 분석가의 지식이 완벽할 수는 없습니다. 분석가 역시 모르는 것들이 있기 마련입니다. 따라서 분석가의 돌봄이 실패하는 순간은 반드시 도래하기 마련입니다. 이때 주체는 어릴 적 부모에 대한 신뢰가 흔

들렸을 때처럼 행동하게 됩니다. 주체는 분석가가 자신을 사랑하지 않기 때문에 주지 않는다고 경험하게 됩니다. 이렇게 되면 분석가에 대한 주체의 신뢰와 사랑에 금이 갑니다. 분석가를 향한 사랑이 크다면 주체는 그의 사소한 결점들 하나에도 크게 상처받고 분석을 중단하려고 할 수 있습니다. 이렇게 분석이 중단된다면 분석을 통해서 수많은 지식을 배우고 변화를 이뤄냈다 하더라도 효과들을 모두 잃어버리게 됩니다. 증상은 다시 나타나게 됩니다. 그 변화의 원인이었던 분석가를 향한 애정이 사라졌기 때문입니다.

여기에서 타자의 지식에 대한 환상이 사라지지 않는다면 어떻게 될까요? 두 가지 길이 존재합니다. 첫 번째 주체는 자신이 타자로부터 충분히 사랑받지 못했다고 느끼며 비극적인 고통에 시달립니다. 바로 신경증적 고통이죠. 두 번째 주체는 자신을 충분히 사랑해줄 수 있는 다른 타자를 찾아 나섭니다. 또 다른 분석가를 만나서 분석을 받기 시작할 수도 있고 아예 다른 영역에 있는 치료사를 만날 수도 있습니다. 혹은 신에게 의존하게 되는 결과도 있습니다. 신이야말로 전지전능한 타자이기 때문입니다. 신경증은 계속해서 지속되며 그것들을 치료하기 위한 타자에 대한 요구 역시 나타나게 됩니다. 다시 말해 분석에 대한 요구는 끝이 없게 됩니다. 이 때문에 의미를 먹이는 실천은 한계에 부딪힐 수밖에 없습니다. 이것은 주체의 환상을 지속시키는 형태에 불과하기 때문입니다.

정신분석에서 진정한 관건은 분석가에 대한 애정이 사라졌을 때에도 분석의 효과들을 지속하는 것입니다. 이를 위해서는 어떻게 해야 할까요? 바로 주체가 갖고 있는 환상을 넘어서야 합니다. 주체가 가지고 있는 환상에 부응하지 않고, 분석가가 가진 지식의 결핍들을 있는 그대로 보여주는 겁니다.

분석가의 결핍과 대면하게 될 때 주체에게서 무의식이 활성화됩니다. 부모의 사랑이 부족할 때 증상이 발생했듯, 분석가와의 관계 속에서 증상들이 나타나게 됩니다. 이때 분석가는 증상을 다시 사라지도록 만드는 것이 아니라 이 상황을 지속해야 합니다. 이 상황 속에서 주체는 자신의 증상을 이해하기 위해서 노력하게 됩니다. 고통으로부터 벗어나기 위해서 자가적인 치료작용이 일어나는 것이죠.

결과적으로 주체는 증상에 대한 나름의 해답을 찾아냅니다. 이 과정은 매우 고통스럽지만 이와 동시에 효과적입니다. 왜냐하면, 이 과정에서 주체는 증상을 다루는 방법을 알게 되기 때문입니다. 따라서 증상이 발생할 때마다 분석가를 찾아서 치료를 요구하는 것이 아니라, 자신의 증상을 스스로 치료하는 능력을 가지게 되는 것이죠. 그렇기 때문에 분석가와의 관계가 종료된다고 하더라도 분석의 효과는 지속될 수 있습니다.

이러한 유형의 정신분석은 탈해석의 정신분석입니다. 왜냐하면, 더 이상 분석가는 고전적인 방식으로 해석하지 않기 때문입니다. 따라서 주체는 분석가의 해석을 향유하지 못하고 능동적으로 작업해야 합니다. 그렇다면 여기서 주체는 그 어떤 만족도 누리지 못하는 것일까요?

물론 탈해석의 정신분석에서도 만족이 존재합니다. 하지만 이 만족은 분석가 중심의 정신분석과는 다른 만족입니다. 프로이트적인 분석에서 주체는 타자로부터 사랑받는 데서 오는 만족을 향유합니다. 그리고 바로 이 때문에 자신의 만족을 포기하고 타자가 원하는 모습에 자신을 맞출 수 있게 됩니다. 하지만 탈해석의 정신분석에서의 만족은 타자로부터 받는 만족이 아닙니다. 주체는 스스로 적절한 해석을 발명할 때 만족감을 경험합니다. 즉, 여기서 주체는 자신만의 만족을 추구합니다. 타자가 제시하는 옳고 그름을 떠나서 자신이 옳다고 생각하는 것들을 추구하는 데서 오는 만족이죠. 바로 이 때문에 자신의 지식을 추구하는 일 자체에는 타자의 영향력으로부터 벗어난다는 의미가 함축되어 있습니다.

탈해석의 정신분석이 추구하는 것은 바로 이것입니다. 타자의 영향력으로부터 벗어나서 자신만의 만족을 추구할 수 있도록 돕는 것 말이죠. 타자로부터 사랑받을 때 주체는 여전히 타자 속에 소외되어 있습니다. 주체는 자신의 욕망과 만족을 추구하지 못하고 그것을 포기해야 합니다. 그 대신 타자로부터 보호받는 길을 선택하는 것이죠. 이것을 통해 주체는 안정될 수 있습니다. 하지만 여기에 주체의 삶은 없습니다. 주체가 자신의 원하는 것들을 실현하고, 자신의 인생을 살기 위해서는 타자의 보호로부터 벗어나야 합니다. 모든 어린아이들이 부모로부터 독립해야 하듯, 주체 역시 결국에는 분석가로부터 분리되어야 합니다. 그곳에서부터 주체의 삶이 새롭게 시작되기 때문입니다.

한국의 많은 정신분석가들은 기존 정신분석가들의 이론을 현상에 적용하는 문제에만 골몰합니다. 한국에서 출간된 수많은 정신분석 저술들은 외국의 첨단이론을 소개하거나, 그 이론을 활용해서 현상들을 설명하거나 치료하는 데 초점을 맞춥니다. 이렇게 되면 모든 현상을 모두 획일적인 방식으로 해석하게 됩니다. 마치 프로이트주의 정신분석가들이 모든 정신 병리를 오이디푸스콤플렉스라는 삼각형에 의거해서 설명하려고 했던 것처럼 말이죠.

또한, 주체가 타자로부터 일방적으로 지식을 받길 기대한다면, 필연적으로 그 타자는 주체들을 지도하게 됩니다. 타자와 힘을 합쳐 문제들을 해결하는 게 아니라 타자에게 일방적으로 의존하는 결과만을 낳게 됩니다. 이것은 학문적으로 매우 부적절한 결과를 낳습니다. 주체는 자신이 사랑하는 타자의 말만을 진실이라고 믿게 되고 그와는 다른 주장을 하는 사람들을 이단이라고 비난하게 됩니다. 학문이 아니라 종교적 실천으로 귀착하게 되는 것이죠. 여기에는 그 어떤 연대(solidarité)의 가능성도 존재하지 않습니다.

 탈해석의 정신분석은 이 한계들을 극복할 수 있도록 돕습니다. 탈해석의 정신분석은 주체로 하여금 자신만의 정신분석이론을 재발명해내도록 만듭니다. 분석가는 지식을 가르치는 것이 아니라 지식을 발명하도록 부추기기 때문입니다. 이 과정에서 주체는 정신분석적 지식들이 옳은 것인지 스스로 검증할 수 있게 됩니다. 이것은 그 자체로 해방적인 효과를 가져옵니다. 주체는 자신을 가르친 타자의 지식들을 맹목적으로 추종하지 않을 수 있게 되기 때문입니다. 주체는 그것들에 부족한 점들이 있다면 재해석하고 더욱 발전시킬 가능성들을 가지게 됩니다. 정신분석을 재발명한다는 것은 과거의 정신분석을 그대로 반복하는 것이 아니라 그것의 너머로 나아갈 수 있는 가능성을 함축합니다.

 현재 한국의 정신분석은 지식을 산출해내는 방법이 아니라 내용에만 관심을 기울입니다. 가르치지 않으면, 그리고 타자로부터 배우지 않으면 그 어떤 지식도 스스로 나타날 수 없다고 생각하기 때문입니다. 하지만 이것은 사실이 아닙니다. 모든 주체는 자신만의 지식들을 찾아낼 가능성을 갖고 있습니다. 다만 이 가능성들을 한 번도 사용해본 적 없기 때문에 모르는 것이죠. 정신분석가의 역할은 주체가 가진 가능성을 전폭적으로 신뢰하는 것입니다. 주체가 가진 해방적 가능성들을 믿고, 열려 있는 미래로 나아갈 수 있도록 돕는 것이 정신분석가의 역할입니다. 바로 이 때문에 탈해석의 정신분석은 지식의 내용이 아니라 그 지식을 산출해내는 방법을 중요하게 생각합니다.

이 책은 이러한 정신분석 과정에서 도출해낸 충동의 주체와 정신분석 임상에 대한 연구결과물입니다. 이 연구를 하는 데 있어서 가장 도움이 되었던 것은 당연하게도 저의 경험입니다. 특히, 개인 분석 이후에 지속되었던 자기 분석 경험들을 통해서 무의식이 작동하는 방식을 관찰할 수 있었습니다. 그리고 제가 만났던 분석주체들과 주변인들이 해주었던 이야기들이 무의식을 이해하는 데 큰 도움이 되었습니다. 이들에게 감사를 표합니다.

항상 책이라는 것은 완결된 지식을 전달하려고 합니다. 사람들은 책을 읽고 자신의 지식을 증대시키길 원합니다. 또한, 작가들 역시 자신의 지식이 옳다는 사실을 증명하기 위해 글을 씁니다. 하지만 이 책의 목적은 고정된 지식을 전달하는 게 아닙니다. 이 책은 지식이 아니라 지식의 공백을 전달할 수 있기를 원합니다. 만약 독자가 여기서 주장한 내용들이 부족하다는 생각을 하게 된다면, 만약 자신이 좀 더 적절한 방식으로 현상을 설명할 수 있다고 느낀다면, 이 책은 할 일을 다한 것입니다. 바로 그곳으로부터 새로운 가능성이 시작될 수 있기 때문입니다.

contents

프롤로그

1. 무의식과 충동

무의식과 비합리 18 | 무의식의 실재성 21 | 불쾌한 반복 24 | 억압과 그 결과 27 | 신경증과 대체만족 30 | 정신분석이 비판받는 이유 33 | 충동의 주체화 36

2. 전이의 정신분석

전이, 무의식의 도래 42 | 예비 면담 44 | 말할 수 없는 것 47 | 좌절과 전이 50 | 유아적인 것 53 | 어른 되기의 불가능성 56 | 전이를 다루기 58 | 전이의 해석 60 | 역전이 64 | 전이라는 전쟁터 67

3. 정상성과 무의식

공감적 해석 72 | 말실수의 메커니즘 74 | 자아 이상과 이드 76 | 자아 이상과 증상 79 | 자아 해석의 기능 83 | 정상성의 비정상성 86 | 자아 이상과 충동의 전복 89 | 억압의 해소 92 | 정상과 비정상, 그리고 주체 95

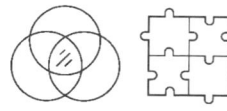

4. 거세의 암초를 넘어서

프로이트의 한계 100 | 지식과 해석 103 | 남근적 지식 105 | 저항과 언어 108 | 분석가를 찾는 이유 111 | 마지막 말 114 | 주체를 향한 믿음 117 | 지식을 좋아하는 충동 119 | 피분석자에서 분석주체로 123 | 가부장을 넘어서 125

5. 문명의 성도덕과 신경증

정신분석과 성도덕 130 | 내면화된 성도덕 133 | 성적 차이 137 | 성도덕의 형성 140 | 거세 위협의 현실성 142 | 도착적 만족과 무의미 144 | 아이를 낳는 것의 의미 147 | 충동의 변질 150 | 죽음 충동의 회귀 154 | 개별성의 임상 157

6. 증상의 논리, 신경증과 도착증

겉보기 증상에서 증상의 논리로 162 | 참을 수 없는 것 164 | 증상과 억압된 것의 회귀 167 | 히스테리, 욕망의 대상 되기 171 | 히스테리, 처벌의 욕구 175 | 처벌과 사랑 178 | 강박증, 속죄의 의식 180 | 공포증, 불안의 회피 184 | 도착증과 위반 187 | 환상의 전도 191 | 세부에 주목하기 195

에필로그

1

무의식과 충동

〝 무의식과 비합리

📌 많은 사람들은 정신 병리를 의지의 문제라고 생각합니다. 참을 수 없는 불안 때문에 어떤 행위를 반복할 수밖에 없는 사람들이나 특정한 상황이나 동물 같은 것들을 지나치게 두려워하는 이들을 보고 의지력이나 정신력이 약하다고 말합니다. 의식을 통해서 충분히 통제할 수 있는데 통제하지 못하니 나약한 사람이라고 비난하는 것이죠. 그러니까 이런 관점은 정신 병리를 의식에 의해 통제 가능한 대상으로 봅니다. 의지력이 강하다면 병도 없을 것이라 생각합니다.

인간에 대해서 민감한 감수성을 가지고 있는 사람이라면 이것이 사실이 아니라는 사실을 알고 있습니다. 즉, 병리는 의지나 의식의 문제가 아니라는 것이죠. 몸이 아프고 싶어서 아픈 게 아니듯, 심리적 증상 역시 마찬가지입니다. 강박사고나 행위를 하는 사람은 그 행동을 하고 싶지 않지만 어쩔 수 없이 그것을 반복합니다. 강아지나 벌레를 지나치게 두려워하는 사람은 자신의 공포가 다른 사람들의 그것과는 다르며 이상하다는 사실을 알고 있습니다. 주체는 실제로 고통을 겪고 있고 무엇인가를 반복합니다. 그리고 누구보다 그 고통으로부터 벗어나고 싶어 합니다. 하지만 그렇게 되지 않습니다. 이런저런 시도를 해보지만 대부분 실패하고 맙니다.

말하자면 주체는 어쩔 수 없이 반복하고 그것 때문에 고통을 겪습니다. 증상들을 멈추고 싶지만 자신의 의지와는 상관없이 계속해서 반복됩니다. 마치 내 안에 다른 누군가가 있는 것처럼 말이죠. 정신 병리를 치료하기 위해서는 내 안에 있는 타자와 마주할 필요가 있습니다. 정신분석은 주체 안에 존재하는 타자를 가리켜 무의식이라고 부릅니다.

인간의 정신 병리는 무의식에 의해서 발생합니다. 무의식은 의식과는 완전히 다른 질서 속에서 작동합니다. 무의식은 의식에게는 이질적인 것으로 경험되고, 따라서 의식은 무의식을 통제하려고 합니다. 하지만 대부분 실패하고 말죠. 결국에 무의식은 끝까지 자신을 밀고 나갑니다. 인간은 자신의 무의식을 숨기고 싶어 하지만, 결국에 그것은 겉으로 드러나고 만다는 것이죠. 인간이 겪는 증상은 바로 이 무의식이 겉으로 드러나는 현상입니다.

정신 병리를 비난의 대상으로 삼는다는 것은, 곧 그것의 기원인 무의식을 비난한다는 것과 같습니다. 그렇다면 사람들은 왜 무의식을 비난하는 것일까요? 무의식이 비난의 대상이 되는 까닭은 그것이 매우 비합리적인 외양을 갖고 있기 때문입니다. 무의식은 의식적 합리성이나 논리 등을 따르지 않습니다. 따라서 주체가 타자의 무의식과 대면하면 주체는 그것을 이해하지 못합니다. 이렇게 이해하지 못할 때 주체는 그것에 아무런 의미가 없다고 간주합니다. 심지어 그것을 두려워하기까지 하죠. 그래서 그것을 그저 잘못된 행동이며 무의미한 행동이라고 비난하고, 미쳤다고 말합니다. 그리고 그러한 행동을 그만두라고 강요합니다.

비행기 공포증이 있는 사람이 있었습니다. 그는 비행기를 타면 추락할 것 같았고, 그래서 비행기를 타지 못했습니다. 주변 사람들은 그를 비웃었습니다. 비행기 추락보다 많이 일어나는 게 자동차 사고입니다. 비행기사고는 아주 극히 드문 확률로 일어나는 것이죠. 합리적으로 생각해본다면 비행기보다 인도를 걸어 다니는 것을 더 두려워해야 합니다. 하지만 이 공포증 환자는 그러지 못했죠. 비합리적인 생각에 휘둘려서 비합리적인 선택을 하고 만 겁니다. 이 때문에 주변 사람들은 그가 바보 같은 생각 때문에 바보 같은 결정을 했다고 비난했죠.

또 다른 예로 범죄행위를 들어봅시다. 이슈가 되었던 강남역 살인사건에서 가해자는 여성을 무차별적으로 살해했습니다. 그는 여성들이 평소에 자신을 무시한다고 생각했기에 증오가 생겼고 이 때문에 그들을 살해했다고 말했습니다. 많은 사람들은 이 말을 이해하지 못했습니다. 어처구니없는 말이라고 생각한 것이죠. 모든 사람이 누군가를 증오한다고 해서 증오의 대상을 살해하지 않기 때문이며, 그가 실제로 과거에 여성으로부터 무시당했다고 하더라도 그가 살해한 여성은 그를 무시한 여성과는 달랐기 때문입니다. 그는 비이성적인 사고에 휘말려서 비이성적인 행동을 저지르는 것으로 평가됐습니다. 그는 정신분열증, 현대정신의학의 용어로 하자면 '조현병'을 앓고 있는 환자로 진단받았고 그의 말은 부적절한 뇌기능 장애로 인해 발생한 망상으로 설명되었습니다. 단순히 미친 사람이 된 것이죠.

우리가 사는 현실은 이성과 합리로 이루어져 있습니다. 인간 역시 합리적이고 이성적인 존재라고 간주합니다. 하지만 이것은 하나의 믿음이며 환상에 불과합니다. 우리의 무의식은 이성과 합리로 이루어져 있지 않습니다. 사실 인간의 정신에는 비이성적이고 비합리적으로 보이는 생각들로 가득 차 있으며 비이성적인 행동들을 너무나 자주 하고 맙니다. 우리 자신이 이것을 가장 잘 알고 있습니다. 하지만 우리는 이것에 대해서 이야기하기를 꺼립니다. 내가 생각해도 비합리적이고 이상하니 남들에게 말하지 않습니다. 또 남들이 비합리적으로 생각하는 것 역시 보고 싶어 하지 않습니다. 바로 이 때문에 무의식은 존재하지 않는 것처럼 취급됩니다.

무의식의 실재성

✒ 그럼에도 불구하고 무의식은 우리의 '실재(réel)'입니다. 이것을 실재라고 부른 이유는 현실보다 더욱 현실적인 것이기 때문입니다. 우리 모두가 무의식을 비현실적인 것이라 부르지만 면밀히 살펴보면 우리의 삶을 구성하고 있으며 우리의 말과 행동을 틀 짓는 것은 바로 무의식이라는 사실을 알 수 있습니다. 예를 들어, 직장 내에서 상사로부터 부당한 대우를 받지만 그만두지 못하는 사람들은 대부분 일을 그만두면 다시 일을 시작할 수 없을 것이라고 생각합니다. 그래서 부당하더라도 참고 견디는 것이죠. 이 생각은 분명 비이성적입니다. 찾아보면 일자리는 생각보다 많습니다. 실제로 일자리를 새로 얻지 못해서 굶어 죽는 사람은 거의 없습니다. 하지만 주체에게 일이 없을 것이라는 생각은 너무나 현실적으로 경험되고 그 생각 때문에 불안해합니다. 이 때문에 주체는 일을 그만두지 못합니다. 심지어 주체 자신이 그 생각을 비합리적인 것으로 생각할지라도 말이죠.

비이성적이고 비합리적인 생각들은 주체를 사로잡고 놓아주지 않습니다. 이는 무의식이 단순한 생각이 아니기 때문입니다. 무의식적인 생각에는 신체적인 반응이 결부되어 있습니다. 어떤 생각을 하게 되면 심각한 불쾌감이 듭니다. 바로 불안이 발생하는 것이죠. 주체는 너무나 불안해지고 불쾌해지는 나머지 무의식에 대해서 진지하게 고찰하지 못합니다. 생각의 내용은 비현실적일지 모르지만 불안은 너무나, 지나칠 정도로 현실적입니다. 이 불안이 그 비이성적인 생각들을 현실적인 것으로 만들어버립니다.

그렇기 때문에 주체는 무의식적인 사고로부터 벗어나지 못합니다.

맡은 일을 항상 열심히 하는 사람이 있었습니다. 주변 사람들은 그가 책임감 있고 능력이 있다고 칭찬했습니다. 그런데 그에게는 말 못 할 고통이 있었습니다. 그는 항상 일이 잘 안 될 때마다 반복적으로 자신에겐 능력이 없다고 생각했습니다. 그래서 언제든지 자신이 해고될 수 있을 것이라 생각하면서 불안해했습니다. 주변인들이 자신을 칭찬해도 그 말이 있는 그대로 들리지 않았습니다. 일을 제대로 하지 못하는 자신을 위로하기 위해 억지로 그런 말들을 한다고 생각했습니다. 그는 자신이 하는 생각이 비정상적이라는 사실을 알고 있었습니다. 타자의 인정과 무능력함에 대한 생각이 환상일지 모른다는 사실을 알고 있었던 것이죠. 하지만 그는 자신의 무능력함에 대한 생각 때문에 더욱 일을 열심히 했습니다. 단순히 환상일 뿐인 그 생각들을 극복하기 위해서 열심히 일했던 것이죠.

현대 심리치료에서 가장 각광받는 접근법인 인지행동치료(thérapies cognitivo-comportementales) 역시 주체가 비이성적이고 비합리적인 생각에 사로잡혀 있다는 사실에 주목합니다. 주체의 정신 병리는 비이성적인 생각 때문에 발생하기 때문에 그 생각들을 수정하면 증상이 사라질 것이라고 말합니다. 예를 들어 앞의 사례에서처럼 자신의 무능력함에 대한 생각 때문에 고통받는 사람이 있다면 자신의 장점들에 대해서 생각해 보도록 만드는 것으로 치료하려고 합니다.

인지행동치료는 주체가 무의식적 사고의 비합리성을 깨달으면 곧바로 그것들을 포기할 것이라고 생각합니다. 이 이론은 주체가 모르기 때문에 반복한다는 입장을 취하며 무의식을 단순한 환상으로 취급합니다. 하지만 이것은 사실이 아닙니다. 주체는 자신의 생각이 비정상적이라는 사실을 알지 못하고 있는 게 아니기 때문입니다. 주체는 자신이 이상한 방식으로 생각한다는 사실을 이미 알고 있습니다. 그리고 그 생각 때문에 너무나도 고통받고 있습니다. 하지만 그럼에도 불구하고 그것들을 멈출 수 없는 겁니다. 주체는 그것에 휘말려 있고, 그 생각들에 따라서 행동할 수밖에 없는 것입니다. 무의식은 비합리적인 환상이긴 하지만, 정말 중요한 점은 그 환상이 우리의 현실을 조직하고 있다는 사실입니다.

〞 불쾌한 반복

✒ 주체는 그 무의식적인 생각 때문에 끊임없이 고통받습니다. 비합리적이라는 것을 알면 그것에 대해서 생각하는 것을 그만두어야 하는데, 계속해서 생각들을 반복합니다. 이 현상은 좀처럼 이해하기 힘듭니다. 그래서 많은 사람들은 신경증자가 이런 고통을 호소하면 그 생각을 그만두라고 말합니다. 왜 인간은 불쾌한 생각을 반복하는 것일까요? 왜 인간은 끊임없이 자신을 괴롭히는 것일까요?

정신분석학사에서 이 현상을 최초로 발견하고 그것을 이론화한 사람은 사비나 슈필라인(Sabina Spielrein)이라는 정신분석가입니다. 프로이트는 슈필라인의 이론을 받아들여 인간을 끊임없이 고통에 빠트리는 무엇인가가 있는 것 같다고 이야기합니다. 인간에게 내재한 충동 중에서 인간을 고통에 빠트리면서 만족을 얻는 것이 있다는 것이죠. 프로이트는 이것에 '죽음 충동(pulsion de mort)'이라는 이름을 붙였습니다. 프로이트는 정신분석학사에서 가장 논쟁적이라 할만한 논문인 「쾌락원칙을 넘어서」에서 인간에게 쾌락을 지향하는 충동인 삶의 충동과 불쾌를 지향하고 심지어 인간 주체의 죽음을 향하는 충동인 죽음 충동이 있다고 가정했습니다.

삶의 충동은 안전한 환경 속에서 주어지는 만족을 향합니다. 삶의 충동은 기본적으로 무자극적인 상태를 유지하려고 합니다. 예를 들어서 자신의 배우자와 성관계를 하고 싶다는 충동은 그리 불쾌하지 않습니다. 이것은 삶을 해치지 않는 형태의 안전한 충동이며 주체에게 순수한 즐거움만을 줍니다. 하지만 배우자가 아닌 다른 파트너와 외도하고 싶다는 충동이 생길 수도 있습니다. 이것은 삶의 경계를 넘어섭니다. 이것이 실현된다면 주체는 죄책감에 시달릴 것이고, 또 결혼생활이 파탄 날 수도 있습니다. 하지만 그것을 알면서도 불륜에 대한 생각을 떨치기 힘들고, 또 실제로 그것들을 하게 되기도 합니다. 이것이 바로 죽음 충동입니다. 죽음 충동은 그 안전한 경계를 넘어서기를 요구합니다. 죽음 충동은 주체를 불쾌한 상태로 몰고 가고 끊임없이 고통스러운 상태로 빠지게 합니다. 죽음 충동은 마치 주체를 파괴하려는 것처럼 보입니다.

죽음 충동의 특징은 그 충동의 실현 때문에 닥쳐올 부정적인 결과들을 전혀 고려하지 않는다는 데 있습니다. 죽음 충동이 있기 때문에 인간은 우리의 생각처럼 합리적이고 이성적인 동물이 될 수 없습니다. 죽음 충동으로 인해 인간은 합리적인 판단에 따라 계산을 하거나 이해득실을 따지지 못합니다. 결과적으로 손해를 보게 된다는 사실을 너무나 잘 알고 있다 하더라도 자신에게 쾌락을 줄 수 있을 것 같은 대상을 손에 넣으려고 합니다. 나에게 아무런 소용이 없어도 좋아 보이는 물건을 사고 싶고, 내 생명이 위험할지도 모르는 위험한 성행위를 쾌락 때문에 하는 게 인간입니다. 그리고 이렇게 일을 저지르고 나서 후회하고 자괴감을 느낍니다. 그러니 인간은 자신의 충동을 두려워하게 되죠. 충동은 즐거운 것이 아니라 불쾌한 게 될 수 있습니다. 왜냐하면, 그것을 실현한 결과가 자신을 파멸과 죽음으로 이끌 수도 있기 때문입니다.

죽음 충동은 주체에게 위협적인 충동으로 경험되는 것들입니다. 그것은 주체를 갉아먹고 파괴하는 기묘한 형태의 충동이고 그것을 실현한다면 마치 주체를 파멸시킬 것 같은 예감이 드는 그러한 형태의 충동입니다. 이 때문에 자아는 죽음 충동을 '자아-이질적'인 것으로 인식하죠. 자아-이질적이란 쉽게 말해서 내 것이 아니라고 느껴진다는 겁니다. 자아는 자신에게 명백하게 쾌락을 주는 것들로 이루어집니다. 자아는 쾌락을 지향합니다. 나를 즐겁게 하는 것들은 내 것이 됩니다. 하지만 나를 즐겁게 하지 못하고 고통스럽게 만드는 것은 외부로 떨어져 나가서 마치 대상처럼 인식됩니다. 바로 이 때문에 죽음 충동은 내 안에 있는 것이지만, 나 아닌 것으로 받아들여지는 것이죠. 바로 이것이 진정한 의미의 무의식입니다. 참을 수 없이 주체를 고통스럽게 만드는 생각들. 하지만 그럼에도 불구하고 끊임없이 반복되고 그 반복을 멈출 수 없는 생각들이죠.

자아가 죽음 충동을 두려워하는 가장 큰 이유는 바로 그것이 결국에는 목적지에 도달한다는 점 때문입니다. 바로 그렇기 때문에 자아는 충동을 두려워하며 그것들을 억압하려 합니다. 충동에 대항해서 벽을 쌓고 그것이 마음대로 날뛰지 못하도록 방어합니다. 하지만 이러한 방어는 완전하지 못합니다. 자아의 방어와는 상관없이 충동은 언제나 목적지에 도착합니다. 충동이 한 번 작동하기 시작하면 정신에 긴장이 발생하게 됩니다. 그리고 행위를 통해서 그 긴장을 해소하라는 강력한 압박감을 느낍니다. 자아는 그것을 억제하지 못하고, 결국에는 충동에 따라 행위를 하고야 말죠. 이것은 매우 강제적인 힘입니다. 그래서 프로이트는 충동의 요소 중 하나를 압력(poussée)이라고 했습니다. 충동은 주체를 행위하도록 밀어붙이는 어떤 힘인 겁니다.

억압과 그 결과

✒ 충동의 힘은 매우 강력합니다. 바로 이 때문에 인간은 같은 실수를 반복하고, 말도 안 되는 일들을 저질러 자신과 타인의 삶을 파괴하기도 합니다. 사실 동물들에게는 이러한 형태의 충동이 없습니다. 동물들의 성욕은 언제나 삶을 지향합니다. 동물의 본능은 종족 보존과 개체의 안전을 보존하기 위해 기여합니다. 동물은 결과를 모르기 때문에 자신을 해하는 행동을 할 순 있습니다. 하지만 부정적 결과가 닥칠 걸 알면서도 어떤 일들을 하지는 않습니다. 인간은 자신에게 불리하다는 것을 알면서도 멈추지 못합니다. 그렇다면 인간에게 있어서 이처럼 충동이 강력한 이유는 무엇일까요?

결론부터 말하자면 인간의 충동이 억압되어 있기 때문입니다. 인간의 충동은 즉각적인 실현을 항상 금지당합니다. 그리고 해소되지 못하는 만큼 더욱 강력한 힘을 갖게 된 것이죠. 인간이라는 존재, 특히 신경증자는 태어나면서부터 억압됩니다. 경험이 많은 어른들은 인간이 충동을 통제하기 힘들고 충동 때문에 인간이 실수하고, 또 돌이킬 수 없는 일을 저지르기도 한다는 것을 매우 잘 알고 있습니다. 이는 사실 자신의 경험을 통해서 배운 것이죠. 바로 이 때문에 어른들은 아이들을 교육하려고 합니다. 아이는 충동적으로 어떤 일들을 하려고 할 때 그것을 미리 하지 못하게 하는 겁니다. 자신이 했던 실수를 아이는 반복하지 않도록 만들려는 거죠. 어른은 자신이 충동을 통제하는 데 실패했지만 아이는 할 수 있을 것이라 생각합니다. 교육이라는 것은 단순히 지식을 전달하는 게 아니라 아이가 충동을 제어할 수 있도록 만드는 것이죠.

　이를 위해서 어른들은 아이가 잘되라고 금지하거나 훈계를 합니다. 아이들을 처벌하고 위협하면서 두렵게 만듭니다. 이를 통해 마음껏 충동을 실현하지 못하도록 만들죠. 그런데 여기서 문제가 발생합니다. 아이 입장에서 보면 어른은 쾌락을 금지하는 방해꾼처럼 보입니다. 게다가 어른들은 아이에게 금지하는 것들을 하는 것처럼 보입니다. 이를테면 아이는 일찍 자라고 하면서 어른은 늦게까지 깨어있는 것이죠. 일관성이 없어 보일 수 있습니다. 바로 이렇게 되면 무슨 일이 생길까요? 아이는 어른을 증오하게 됩니다. 아이는 자신이 원하는 걸 하지 못했고 그 이유는 어른이 방해했기 때문이라고 생각합니다. 그리고 그 어른들을 살해하고 어른들이 금지한 그것들을 해보고 싶어 하게 됩니다. 이 때문에 어른과 아이 사이에 갈등이 발생하게 됩니다.

　물론 이 갈등관계는 대체로 어른의 승리로 끝나게 되고, 아이는 금지를 받아들입니다. 어른이 아이보다 더 강하기 때문입니다. 아이는 비합리적이고 비이성적인 충동들을 억누르고 이성적이고 합리적인 인간이 됩니다. 이렇게 되면 그는 무의식적인 충동의 실현을 스스로 금지합니다. 하지만 이 금지는 부정적인 결과를 낳습니다. 바로 '주체의 결핍'이라는 부정적 결과죠.

　충동을 무분별하게 억압하게 되면 주체는 만족을 잃어버리게 됩니다. 어딘지 모르게 결핍감이 들게 되죠. 뭔가 비어있는 것 같고 부족한 듯한 느낌이 듭니다. 인간이 만들어놓은 신화들을 보면 항상 굉장한 만족이 있는 이상향이 있습니다. 천국이라든지, 유토피아라든지 말이죠. 그만큼 인간이 충만한 만족을 누리길 바란다는 것이죠. 하지만 항상 불만족스러운 부분이 있습니다. 자신이 얻지 못한 그 만족을 이 세상이 아닌 이상향에서는 얻을 수 있다고 상상하는 겁니다. 나중에, 언젠가 그런 곳이 존재할 것이라는 환상을 키우는 것이죠. 이러한 환상은 역설적이게도 인간 주체가 너무나 결핍되어있는 존재라는 것을 보여줍니다. 인간에게는 충동이 존재하면서 만족을 지향하는 특성이 있지만, 그것들을 스스로 억압함으로써 결핍에 시달리는 존재라는 것이죠.

바로 이 때문에 충동은 더욱 만족을 요구하게 됩니다. 결핍된 만큼 만족에 대한 갈망은 더욱 강해지게 됩니다. 왜냐하면, 충동의 요구는 사라지는 게 아니기 때문입니다. 만족에 대한 요구는 신체에 계속 누적됩니다. 그러다 억압할 수 있는 임계점을 넘어서게 되면 폭발적으로 터져 나오는 것이죠. 바로 이 때문에 자신에게 부과된 금지를 넘어서 만족을 추구하게 됩니다. 이것이 인간에게 있어 충동이 지나칠 정도로 강해진 이유입니다. 인간의 충동이 너무나 강력해진 이유는 바로 억압이 일어났기 때문입니다. 충동에게 만족을 주지 못했기 때문에 충동이 너무나 강해진 것이죠.

신경증과 대체만족

✏️ 거의 모든 사람들은 신경증적 구조를 갖고 있습니다. 즉, 충동을 어느 정도는 항상 억압합니다. 하지만 그렇다고 해서 모든 사람이 신경증적 고통을 겪는 건 아닙니다. 그렇다면 건강한 사람과 신경증자는 어떻게 다를까요? 심리적으로 건강한 사람들 충동을 어떻게 대할까요? 흥미롭게도 이들은 충동에게 길을 내어줍니다. 물론 무조건적으로 충동을 실현하는 것은 아닙니다. 현실적인 제약이 있으니까요. 하지만 때와 장소를 가려서 충동을 실현시킵니다. 이를테면 어릴 때에는 연애를 금지당하지만 성인이 되어서는 마음껏 연애를 하는 것이죠. 즉, 비합리적인 충동에게 어느 정도 자신을 내어주는 것이고 적절히 만족을 추구하는 것이죠. 말하자면 건강한 사람은 충동을 컨트롤할 수 있으면서 즐기면서 삽니다.

이와는 반대로 신경증 환자에게 만족은 철저하게 금기시됩니다. 신경증 환자는 그것을 절대로 발설해서는 안 되는 것, 터부의 대상으로 간주합니다. 신경증 환자는 충동을 실현해서는 안 되는 것으로 인식합니다. 말하자면 이들은 충동이 얻고자 하는 그 만족을 애초에 포기해버렸습니다. 신경증 환자는 비합리적인 충동의 활동으로부터 얻을 수 있는 즐거움을 거부하고, 극단적으로 합리적인 태도를 추구합니다. 자신의 감정이나 즐거움, 느낌보다는 이성과 합리를 추구하는 면이 강합니다. 바로 이 때문에 신경증자는 겉으로 보면 매우 이성적인 사람처럼 보입니다.

하지만 신경증 환자의 성욕은 매우 과장되어 있습니다. 충동이 아주 강력하게 억압되는 만큼 충동의 힘은 더욱 강해진 겁니다. 신경증자에게는 자신이 얻지 못한 만족에 대한 굉장히 강렬한 갈망이 존재합니다. 만족을 추구하고자 하는 성향이 굉장히 강하다는 것이죠. 하지만 신경증자는 충동에 만족을 주지 않기 위해 부단히 노력합니다. 이 시도는 한동안 잘 이루어질 수 있습니다. 하지만 충동의 요구가 누적돼서 더는 감당할 수 없게 되면 신경증자는 실제로 충동에 떠밀려서 행위를 하게 됩니다. 이제는 참을 수 없는 것이죠. 물론 하고 나서 굉장한 후회와 자책감을 겪게 됩니다. 사실 신경증적 주체는 자신의 충동을 잘 통제하지 못합니다. 충동에 휘말려있는 존재이고, 그래서 충동을 두려워합니다. 충동의 힘이 그만큼 강하기 때문입니다.

　신경증 환자는 충동에게 길을 내어 주지 않는 만큼 결핍에 시달립니다. 운이 좋다면 직접적인 성적 실천이 아닌 대체적인 행위를 통해 만족을 실현하게 됩니다. 이들은 그림이나 음악 같은 예술적 활동이나 글쓰기나 학문활동 같은 창작활동 등에 빠지게 됩니다. 그리고 외골수처럼 보이기도 하고 굉장히 고집이 강하죠. 자신이 하는 활동을 포기하려고 하지 않습니다. 간섭받는 것도 싫어하고 자신이 하고 싶은 것만을 하려고 고집을 피웁니다. 이유는 바로 그것만이 자신을 즐겁게 만들기 때문입니다. 주체가 다른 이들에게 이해를 받지 못한다 하더라도, 주체는 그 행위들을 너무나 사랑합니다. 이것을 정신분석에서 승화(sublimation)라고 부르죠. 억압된 충동을 만족시키는 대체행위들입니다. 심각한 신경증을 겪던 사람이 충동을 승화할 수 있는 행위들을 하게 되면 신경증이 완화되기도 합니다.

　하지만 승화를 할 수 있는 사람은 매우 한정되어 있습니다. 대부분의 신경증자는 충동을 증상을 통해서 해소합니다. 참을 수 없는 긴장을 해소하기 위해 자해를 하는 경우나 불쾌한 일을 잊기 위해서 술을 반복적으로 마시는 것 등을 예로 들 수 있습니다. 혹은 불안 때문에 물건을 버리지 못하고 계속 쌓아둘 수도 있습니다. 아니면 반복적으로 특정한 생각을 계속할 수도 있죠. 주체는 하지 않으면 불안해서 견디지 못하고 반복적으로 뭔가를 할 수밖에 없습니다. 아니면 그 원인을 알 수 없는 신체적 고통이 생겨나기도 합니다.

주체는 증상을 통해서 충동의 만족을 얻습니다. 하지만 증상적 행위는 주체에게 고통을 줍니다. 증상적 행위를 하고 나면 주체는 죄책감에 시달립니다. 주체는 자신의 증상적 행위가 비정상적이라는 사실을 알고 있습니다. 증상은 사회적이지 않은 행위입니다. 그럼에도 불구하고 멈출 수 없는 것이죠. 일종의 사면초가 상태입니다. 안 하자니 불안하고 하는 것 역시 고통스럽습니다.

이것이 증상과 승화를 구분 짓는 차이점입니다. 증상은 주체에게 고통을 주지만 승화는 만족을 줍니다. 사실 증상이나 승화나 모두 문명에 의해서 배제되는 행위들, 이해할 수 없는 행위들이지만 승화는 인정받고 추앙받을 가능성도 있습니다. 바로 이 때문에 어떤 정신분석가들은 신경증자에게 승화할 수 있는 행위를 찾으라고 조언하는 경우도 있습니다. 하지만 이는 참 바보 같은 이야기죠. 충동을 승화하는 건 머리로, 그러니까 의식적으로 할 수 있는 일이 아닙니다. 이것은 무의식적으로 벌어지는 일입니다. 자신도 모르는 사이에 우리의 충동이 적절한 대상으로 가서 달라붙는 것이죠. 충동의 대상교체는 우리가 명백히 의식하지 못하는 상태에서 벌어집니다. 나도 모르는 사이에 어떤 일에 끌리게 되는 것이고 그 일이 필요해지는 것이죠. 하지만 한 가지는 사실입니다. 치료를 위한 개입은 충동의 수준에서, 무의식적인 수준에서 일어나야 합니다.

정신분석이 비판받는 이유

정신분석은 인간이 분열되어 있다는 사실에 주목합니다. 합리적 이성과 비합리적인 무의식적 충동으로 분열되어 있습니다. 인간은 분명 성적 존재임에도 불구하고 자신의 성욕을 받아들이지 못합니다. 자신의 충동을 위협적인 것으로 인식하죠. 죽음 충동이라는 형태로요. 물론 모든 주체가 그런 것이 아니라, 특히 신경증자의 성생활을 관찰하면 이를 확인할 수 있습니다. 프로이트는 정신분석을 받았던 환자들을 연구하면서 그들의 성생활, 충동, 무의식적 환상들을 면밀하게 탐구하는 기회를 가졌습니다.

신경증과 충동에 대한 프로이트의 연구는 굉장히 정교하고 설득력이 있습니다. 그럼에도 정신분석은 그리 환대를 받지 못했습니다. 프로이트가 살아있던 당시에도 그랬고 현재도 그렇죠. 많은 사람들은 정신분석이 뭔지도 모르고, 좀 아는 사람들도 프로이트가 틀렸다고 말합니다. 지나치게 충동을 중심으로 생각한다고 비난합니다. 정신분석이 모든 것을 성욕으로 환원하는 범성욕주의라고 비판합니다. 마치 인간의 모든 것을 성욕을 통해서 설명하려고 하는 것처럼 보이는 겁니다. 이들은 증상이 성욕 때문에 발생했다는 것을 믿지 못합니다.

하지만 이러한 비판은 몇 가지 사실을 간과합니다. 첫 번째로 모든 인간이 충동에 대해서 같은 태도를 취하는 것은 아닙니다. 어떤 사람들은 만족을 추구하는 데 어려움을 겪지 않지만, 특정 주체들은 만족을 겪는 데 어려움을 겪습니다. 정신분석이 주된 연구대상으로 삼았던 이들은 후자죠.

두 번째, 정신분석이 말하는 성은 비판자들이 말하는 성과는 다릅니다. 비판자들이 말하는 성은 우리에게 직접적인 만족을 주는 성입니다. 이성을 좋아하고 흥분하고 성관계를 하고 싶어 하는 그 성욕만을 성이라고 생각합니다. 하지만 정신분석은 그것이 인간의 성의 전부가 아니라고 말합니다. 정신분석은 더 광범위한 성을 말합니다. 성적인 것으로 인식되는 성이 아니고 주체에게 만족보다는 불쾌함을 주는 성욕입니다.

신경증에서 문제가 되는 것은 성적인 형태를 띠지 않는 충동입니다. 신경증자 본인조차 자신의 충동을 성적인 것으로 인식하지 못하는 경우가 많습니다. 예를 들어서, 자신도 모르는 사이에 타인을 죽이는 상상을 하게 되는 사람이 있었습니다. 특히, 이 타인은 그가 사랑하는 여인이었기에 매우 충격적이었죠. 그는 이 생각에 저항하기 위해 노력했습니다. 그런데 그 살해에 대한 충동은 어디서 오는 것일까요? 바로 육체에서 오는 것일 테고, 이것은 타자를 공격하고 싶어하는 충동일 겁니다. 바로 사디즘적 충동, 도착적인 충동입니다. 이러한 충동이 바로 정신분석이 말하는 성충동입니다.

정신분석이 비판받는 세 번째 이유는 사실 충동을 다루는 정신분석연구가 매우 어렵다는 사실에 있습니다. 인간에게는 누구나 충동이 존재합니다. 하지만 그 충동을 사유하는 건 매우 어렵습니다. 나로서 존재할 때는 충동이 작동하지 않고 충동이 존재할 때는 내가 사라져버립니다. 충동이 작동할 때는 순간적으로 의식을 잃습니다. 그래서 우리는 충동이 활발하게 활동하고 난 이후에 제정신을 차리고, 이럴 때 '내가 그때 왜 그랬지?'라는 식으로 생각하게 됩니다. 심지어 잘 기억하지 못하는 경우도 있습니다. 그러니까 뭔가 행동을 했지만, 의식이 명료하지 않은 상태에서 하는 것이죠. 충동을 연구하는 것은 매우 어려운 일이니 정신분석이론이 무엇을 말하는지 이해조차 하지 못하는 것이죠.

또한, 충동의 존재에 대해서 인식하게 되고 그것에 대해서 생각을 하게 될 때도 어려움이 부딪힙니다. 앞서 말했듯 이유가 생각나지 않는 것은 첫 번째 이유입니다. 그리고 나중에 이유가 생각났다고 하더라도 사실 받아들이기 힘들 정도로 바보 같고 이상한 생각들인 경우가 많습니다. 남들 앞에서 이야기하기 부끄러운 내용일 뿐만 아니라 자기 자신조차 이해할 수 없습니다. 충동의 작동논리를 면밀하게 분석해낸다 하더라도 그것을 받아들이기 쉽지 않다는 것입니다. 바로 이 때문에 우리는 충동과 관련된 생각들을 거부해버립니다. 그것은 내가 아니야라는 식으로 말이죠. 그러니 정신분석은 잘 이해되지 않았던 것이고, 지금까지 케케묵은 논변들 때문에 비난받고 있는 것입니다.

충동의 주체화

✏️ 우리가 인간을 연구하기 위해서는 인간의 충동에 주목해야 합니다. 정신분석의 주된 연구 주제 중 하나가 바로 충동입니다. 프로이트의 정신분석은 충동이 작동하는 방식을 환자와 더불어 연구하는 작업이었습니다. 프로이트는 해석이라는 방식으로 충동의 논리를 환자에게 설명하려 했습니다. 지금까지 충동을 마치 엄청나게 비합리적인 것처럼 묘사했습니다. 그런데 이 비합리적인 충동을 연구하는 것이 가능할까요? 어떻게 해서 정신분석적인 연구가 가능할까요?

이는 충동에는 나름의 논리가 있기 때문입니다. 충동이 겉으로 볼 때만 비합리적으로 보입니다. 하지만 그 이상한 행동들, 충동적 행위들에도 모두 이유가 있습니다. 마치 무규칙적으로 발생하는 것처럼 보이는 자연현상들도 자연법칙하에 작동하는 것처럼 말이죠. 우리가 충동을 비합리적인 것으로 간주하는 이유는 그것에 대해서 생각하는 일을 피하기 때문입니다. 인간은 충동을 두려워하고, 이 때문에 그것과 대면하고 싶어 하지 않습니다. 한 번도 그 충동에 대해서 진지하게 관심을 가져본 적 없기 때문에 알 수 없는 것이죠. 그래서 겉으로만 비합리적인 것처럼 보일 뿐입니다. 하지만 충동은 굉장히 정교한 생각들로 구성되어 있고 그 생각들에는 나름의 논리가 매우 탄탄합니다. 다만 그것이 아직 밝혀져 있지 않을 뿐입니다.

정신분석은 이 숨겨져 있는 충동의 논리를 탐구하는 학문입니다. 그뿐만 아니라 정신분석 임상은 이 충동의 논리를 밝혀내는 과정 자체입니다. 그렇다면 우리가 충동의 논리학에 대해서 알아야 하는 이유는 무엇일까요? 정신분석이라는 방법을 통해서 충동을 이해해야 하는 이유는 무엇일까요?

충동을 이해하는 것만이 충동에 대한 두려움을 완화하고, 그것을 적절히 통제할 수 있는 유일한 방법이기 때문입니다. 여기서 통제는 억압을 말하는 게 아닙니다. 억압은 전적으로 만족을 주지 않고 억누르는 것입니다. 반대로 통제는 충동을 주체의 관할로 두고 만족을 추구할지 말지 적절하게 취사선택할 수 있는 것입니다. 신경증 환자의 자아는 이 통제력을 잃어버렸습니다. 그리고 그 이유는 앞서 말했듯 지나친 금욕 때문이었습니다. 어느 정도는 충동에 만족을 주어야 하는데, 철저하게 결핍되니 충동은 자신의 만족을 위해 제 갈 길을 가버리는 것이죠.

이런 상황에서 자아는 충동의 활동은 더욱더 두렵게 느낍니다. 자신을 지배하는 이 또 다른 힘이 매우 두렵고, 자신이 미쳐가는 것처럼 느끼는 것이죠. 자신 안에 또 다른 괴물이 있는 것처럼 느껴집니다. 공포영화에 나오는 괴물들이 무서운 이유 중 하나는 괴물에 대해서 알지 못하기 때문입니다. '알지 못함'이 괴물성의 조건입니다. 이 괴물을 길들이기 위해서는 그 괴물에 대해서 알아야 합니다. 괴물에 대해서, 내 안에 있는 또 다른 나에 대해서 잘 알 필요가 있다는 것이죠. 충동을 이해하는 것만으로 충동과 대면할 때 오는 불안을 일정 부분 완화할 수 있습니다. 그러니 우리를 두렵게 만드는 대상일수록 그것에 대해서 더 잘 알 필요가 있습니다.

하지만 정신분석은 굉장히 불쾌한 일이 되기도 합니다. 나의 안에 나조차 이해하지 못하는 것이 있다는 사실을 인정해야 하기 때문입니다. 이것은 나르시시즘적인 상처, 즉 자존심이나 체면을 상실하는 일이 되기 때문에 상당히 어려운 일이기도 합니다. 또 이것이 정신분석이라는 학문이, 그리고 정신분석 임상이 심각한 저항에 부딪히는 이유입니다. 인간이 더는 알고 싶어 하지 않는 진실과 대면하도록 만들기 때문입니다. 인간은 불쾌한 진실을 인정하려고 하는 것보다 그것으로부터 눈을 감고 자신이 보고 싶어 하는 모습만 보고 싶어 하는 경향이 강합니다. 하지만 심리적 갈등을 해소하기 위해서는 두려움을 극복하고 내 안에 있는 그 괴물과 직접적으로 대면해야 합니다.

사실 충동을 인정하는 것은 그 자체로 매우 큰 변화를 불러일으킵니다. 이는 주체가 완벽하지 않으며 문제를 가지고 있다는 사실을 인정하는 것이기 때문입니다. 문제가 있다는 사실을 인정하지 않으면 문제를 해결하는 것도 불가능합니다. 문제를 인정하지 않는 주체는 그 어떤 외부의 도움도 받으려고 하지 않습니다. 자신은 정상이라고 생각하기 때문이죠. 무의식, 즉 충동을 인정하지 않고서는 치료 자체가 불가능합니다.

정신분석은 내 안에 있는 충동에 관심을 기울이고 그것을 이해하는 과정입니다. 분석과 해석을 통해 내(자아)가 나(무의식)를 이해하는 것이죠. 자아가 충동을 자신의 모습을 받아들이게 되면서 자아는 더 이상 충동을 무조건적으로 거부하지 않습니다. 신경증이 발생했던 이유는 자아가 충동을 무조건 부정적인 것으로 간주하고 전혀 만족을 주지 않았기 때문입니다. 이에 대한 결과로 충동은 너무나 강해졌던 자아의 통제범위를 넘어서게 되는 것이죠. 증상은 만족의 결핍 때문에 발생하는 것이죠. 반대로 자아가 충동을 더 이상 부정적으로 인정하지 않게 되면 어느 정도는 만족을 허용하게 됩니다. 이렇게 되면 충동의 힘은 약화되죠. 이 과정에서 자신도 모르는 사이에 어떤 것들이 방출되어버리는 것이 '아니라' 자신이 스스로 통제할 수 있고 또 그것들에 대해서 책임을 질 수 있게 됩니다. 이것이 정신분석 과정이 노리는 치료적인 효과입니다.

이 책임지는 주체가 바로 정신분석의 주체, 정신분석이 지향하는 주체입니다. 나의 말과 행동에 대해서 스스로 책임을 지는 주체입니다. 그것이 바로 나다. 내가 바로 그렇게 말하고 행동했다고 말할 수 있는 주체입니다. 내가 말하고 행동했지만, 내 안에 있는 다른 누군가가 했다고 생각하면 책임은 회피되고 따라서 변화를 위해 노력할 일도 없습니다. 반대로 변화가 일어나기 위해서는 내가 한 말과 행동에 책임을 져야 합니다.

프로이트는 정신분석의 목표를 무의식의 의식화라고 했습니다. 이 말은 재해석되어야 합니다. 무의식의 의식화는 무의식적 의미를 지식의 형태로 밝혀내는 게 아닙니다. 이것은 오히려 나에게서 나온 모든 말과 행동들에 대해서 스스로 책임지는 것, 심지어 내 것이 아니라고 생각하는 것에조차 책임을 지는 것입니다. 정신분석은 내 안에 있는 그것을 나로 받아들이는 것을 목표로 합니다. 무의식의 의식화는 달리 말하자면 충동의 주체화라고 할 수 있죠.

그렇다면 정신분석은 이를 어떻게 이뤄낼까요? 어떻게 무의식적인 충동에 대한 분석을 할까요? 바로 분석가와의 관계를 통해서 충동을 분석합니다. 분석가와의 관계, 전이적인 관계라고 부르는 것이 정신분석의 핵심적인 도구입니다. 분석은 전이를 통해 환자의 충동을 불러일으킵니다. 정신분석가는 주체의 충동이 향하는 대상이 됩니다. 그리고 주체는 자신의 충동을 완전히 드러내기를 요구받고, 이렇게 활동을 시작한 충동에 대해서 분석 작업을 해나갑니다. 이 분석적 작업에서 충동의 정체가 밝혀지게 되고 억압은 점차 해소됩니다. 바로 이 때문에 정신분석의 핵심에는 전이가 위치합니다. 다음 장에서는 정신분석이 어떻게 전이를 다루는지 살펴보도록 하겠습니다.

2

전이의 정신분석

전이, 무의식의 도래

✎ 정신분석의 대상은 무의식, 즉 충동입니다. 신경증자는 자신을 불쾌하게 만드는 그 충동들과 끊임없이 대면합니다. 충동과 대면할 때 불쾌가 증가하는데, 이때 주체는 그 불쾌를 해소하기 위해 증상을 반복합니다. 증상을 통해 불쾌를 해소할 수 있기 때문입니다. 즉, 증상은 만족을 줍니다. 사실 증상은 자아의 측면에서 보면 불쾌를 주지만 충동의 측면에서 보면 만족을 주죠. 그래서 신경증자는 자신에게 고통을 주는 일을 끊임없이 반복합니다. 이것을 바로 '반복 강박(Compulsion de répétition)'이라고 부릅니다. 정신분석은 이 반복 강박에서 벗어날 수 있도록 돕는 작업입니다.

신경증을 해소하기 위해서는 반드시 충동을 다뤄야 합니다. 그런데 정신분석 과정에는 어려움이 있습니다. 왜냐하면, 자아에는 충동이라는 것을 애초에 인식하지 않으려는 경향이 있기 때문입니다. 자아는 자신 안에 충동이 있다는 사실을 부정합니다. 자아가 볼 때 충동은 병적인 부분이기에 다른 사람 앞에서 드러내기가 쉽지 않습니다. 충동을 드러내놓아야 분석을 통해서 작업할 텐데 그것이 드러나지 않으면 당연히 분석할 대상도 없게 됩니다.

하지만 정신분석에는 지원군이 있습니다. 왜냐하면, 앞서 말했듯 무의식은 숨겨지지 않기 때문입니다. 무의식은 언제나 목적지에 도달합니다. 무의식은 분석이 시작되면서 분석가와의 관계 속에서 나타나기 시작합니다. 꿈이나 말실수, 농담이나 증상과 같은 무의식의 형성물들이 무의식이 드러나는 대표적인 예시들입니다. 정신분석가는 그것들을 단서로 삼아서 주체의 무의식이 어떤 식으로 이루어져 있는지 참조할 수 있습니다. 만약 무의식이 완전히 감춰진다면 정신분석 작업 자체가 불가능해질 테죠.

이것 말고도 충동이 드러나는 중요한 현상이 있습니다. 바로 '전이(transfert)'입니다. 전이는 무의식을 행위를 통해 드러내는 것을 말합니다. 자아는 무의식이 존재하는지도 모릅니다. 하지만 자아가 알지 못하는 무의식은 행위를 통해 나타납니다. 분석가를 대하는 태도에서 주체의 무의식은 온전히 드러나게 됩니다. 정신분석은 무의식에 대한 해석 작업을 하는데, 전이는 해석되어야 할 재료들을 직접 보여주는 것이죠. 따라서 전이현상은 정신분석에서의 가장 강력한 동맹군이 됩니다.

바로 그렇기 때문에 분석 작업의 핵심은 억압된 충동이 분석가와의 관계 속에서 드러나도록 만드는 일입니다. 즉, 전이를 일으키는 것이죠. 그런데 건강한 사람들에게서 전이적 반응을 이끌어내는 것은 매우 어려운 일입니다. 하지만 신경증자에게서 전이는 매우 손쉽게 일어납니다. 그렇다면 여기서 질문이 생깁니다. 정신분석에서는 왜 그토록 전이가 쉽게 일어나는 것일까요? 전이를 일으키는 조건은 무엇이고, 또 정신분석은 어떤 방식으로 전이를 다루는 것일까요?

예비 면담

✏️ 이것에 대해서 알아보기 위해 우리는 정신분석의 시작에 대한 프로이트의 논문을 살펴볼 필요가 있습니다. 프로이트는 수많은 방법을 실험했고, 또 그만큼 많은 실패를 경험했습니다. 그리고 이러한 경험들 속에서 정신분석의 개시에 대한 몇 가지 규칙들을 추출해낼 수 있었는데, 이 내용을 담은 것이 바로 「치료의 개시에 대하여」라는 논문입니다. 이 논문은 상당히 중요합니다. 왜냐하면, 치료 초기의 구조를 분석함으로써 전이의 작동원리를 파악할 수 있기 때문입니다.

정신분석은 사전면담(entretien préliminaire)과 함께 시작합니다. 프로이트는 잘 모르는 환자를 받을 때, 즉 그와 일면식도 없는 환자를 받을 때 1~2주 동안만 임시로 받았다고 합니다. 프로이트는 사전면담의 목적이 본격적으로 분석을 시작하지 않음으로써 치료 실패에서 오는 고통을 줄이는 데 있다고 합니다. 재미있는 이야기인데, 사실 정신분석을 받으러 오는 환자들이 모두 분석을 진행하는 것은 아닙니다. 한번 와봤다가 되돌아가기도 하고, 몇 번 분석을 해보고 중단하기도 하죠. 이럴 때 분석가는 고통스럽겠죠. 환자가 떠나버렸으니 말입니다. 하지만 임시로 받는다면 다를 겁니다. 어차피 임시로 받는 것이니 환자가 떠나도 고통이 덜할 것이라는 겁니다.

그렇다면 이 예비 면담 기간에 정신분석가는 무엇을 할까요? 프로이트는 바로 환자가 정신분석에 적절한지 판단한다고 말합니다. 즉, 정신분석을 받고자 하는 욕망이 있는지 보는 것입니다. 그런데 여기서 프로이트는 상당히 중요한 말을 합니다. 대화나 질문으로는, 그것이 아무리 긴 시간이 되어도 환자가 정신분석에 적합한지 판단할 수 없다는 겁니다. 정신분석을 받고 싶다고 말하지만 환자는 말만 그렇게 하고 다음 시간에 오지 않을 수도 있습니다. 또 한 번 분석을 받아보고는 자신이 생각했던 치료와는 달라서 중단하고 싶어 할 수 있죠. 그러면 어떻게 판단할 수 있을까요? 직접 해보면 알겠죠. 환자를 분석이라는 틀 속에 끌어들이고 그것을 경험하게 한 다음, 환자가 그것을 지속하고자 하는 욕망이 있는지 보는 겁니다. 즉, 사전 면담의 목적은 정신분석을 경험하도록 만드는 데 있습니다. 이렇다면 사전면담의 구조는 본격적인 분석과 달라서는 안 되겠죠. 그것은 이미 본격적인 분석에 포함이 되어있는 것입니다. 그렇기 때문에, 프로이트는 예비 면담에서 정신분석이 이미 시작되었다고 말합니다.

그렇다면 '정신분석적인 경험이란 무엇인가?'가 문제가 됩니다. 여기서 프로이트는 주로 환자가 말하도록 놔두고 분석가가 해명하지 않는다고 말합니다. 환자가 말하도록 놔두고 그저 듣고 있습니다. 분석가는 침묵하고 있어야 한다는 겁니다. 프로이트는 1~2주간 환자를 예비로 받는다고 했는데, 이것은 어찌 보면 충격적이죠. 프로이트는 주 5회씩 환자를 만났으니 짧게는 5회 길게는 10회 정도를 침묵하면서 그저 듣고만 있었다는 겁니다.

정신분석에 대해서 잘 모르시는 분은 이 부분에서 큰 충격을 받습니다. 환자는 치료에 대해서 갖가지 이미지들, 좀 더 정확히 말하면 환상을 가지고 옵니다. '아마 치료사는 이렇게 행동하겠지?'라는 식의 환상이 있습니다. 대체로 환자는 분석가를 찾으면서 따뜻하고 친절한 누군가를 기대합니다. 혹은 '좋은 말씀'을 해주는 그런 선생님을 기대합니다. 하지만 분석가를 만났더니 아무 말도 하지 않습니다. 분석가는 냉담하게 거리를 두고 침묵한 상태에서 듣는 것이죠.

  왜 이런 일을 하는 것일까요? 바로 자유 연상을 하도록 만들기 위한 것이죠. 무의식으로 들어가기 위해서는 환자가 자유 연상을 할 수 있어야 합니다. 자유 연상은 그저 생각의 사슬을 따라가면서 말하는 것입니다. 어떤 의도를 가지고 말하는 게 아니라 그저 생각나는 대로 말하는 것이죠. 자유 연상을 하지 못한다면, 분석 자체가 불가능합니다. 그런데 분석가가 이런저런 말을 많이 한다면 환자의 말은 계속해서 중단됩니다. 다시 말해서 연상을 할 수 없게 됩니다. 그러니 분석가의 말은 분석에 방해되는 것이고 프로이트는 일단 침묵을 지켜야 한다고 권고하는 것이죠.

〝 말할 수 없는 것

✒ 이렇게 분석가가 침묵하기 시작하면 어떤 일들이 벌어질까요? 먼저 정신분석가가 자신의 작업방식을 이야기하는 것, 즉 자유 연상을 하도록 만드는 상황 속에서 이미 환자에게서는 어떤 반응들이 나타납니다. 가장 대표적으로 환자는 무엇을 말해야 할지 모르는 상황에 부닥치게 됩니다. 머릿속에 떠오르는 대로 자유롭게 이야기하라고 말하지만, 사실 신경증자는 한 번도 그런 방식으로 말해본 적이 없습니다. 따라서 어떻게 말해야 하는지 알지도 못합니다. 이 현상이 중요합니다. 왜냐하면, 신경증자에게서 '말할 수 없는 것'이 걸려들기 때문입니다.

이것은 무엇인가 정신 속에 떠올랐지만 그 내용이 너무나 이상해서 말할 수 없다고 생각하는 것이 아닙니다. 자아는 무엇을 말해야 할지 아예 알지 못합니다. 머릿속이 텅 비는 것처럼 아무것도 떠오르지 않는 것이죠. 그래서 주체는 말하지 못합니다. 이것이 바로 저항이라는 현상의 핵심입니다. 저항은 감추는 게 아니라 어떤 공백이 주체의 정신 속에 표상되는 현상입니다. 그렇기 때문에 저항은 내용이 아니라 형식이라는 차원에서 접근해야 합니다. 단순히 말할 수 없는 내용을 감추는 것이 아니라 애초에 무엇을 말해야 할지도 모르는 상태에 처하는 것을 말합니다. 말하기의 한계에 부딪히게 되는 것이죠.

한계에 처한 신경증자가 취할 방법은 그리 많지 않습니다. 신경증자는 분석가에게 도움을 청합니다. 무엇을 말해야 할지 분석가에게 물어보는 것이죠. 일반적으로 우리가 무엇을 해야 할지 모를 때 다른 사람에게 물어

보면 친절하게 대답을 해줍니다. 특히, 비용을 지급했다면 더욱 친절하게 대답해주는 것이 보통이죠. 하지만 정신분석에서는 상황이 다릅니다. 분석가는 주체의 도움 요청을 거절하고 자유 연상을 지속하도록 합니다. 분석가는 비용을 받았으면서도 주체가 원하는 것을 주지 않습니다. 주체가 받길 기대하는 것들을 비켜나가면서 다른 것들을 의도합니다.

분석가가 주체의 도움 요청을 거절하는 까닭은 주체의 요구가 분석의 진행을 방해하는 것이기 때문입니다. 주체가 한계에 부딪힐 때 불안이 발생합니다. 주체가 무엇을 말해야 할지 모른다고 느끼는 건 완전히 자유로운 상태에 처했다는 걸 의미합니다. 따라서 불안은 첫 번째로 제한 없는 자유와 대면했기 때문에 발생했다고 해석할 수 있습니다. 하지만 이 불안함은 단순히 제한 없는 자유와 대면했기 때문에 나타나는 게 아닙니다. 이 상황을 지속하다 보면 신경증자의 편에서 무의식이 떠오르기 때문입니다. 즉, 이것까지 고려해보자면 자아가 느끼는 불안은 자신의 무의식과 대면하기 이전에 느껴지는 일종의 예고 불안이라고 할 수 있습니다. 신경증자는 분석상황이 유발하는 불안을 해소하기 위해 분석가에게 말을 걸기 시작합니다. 무의식과의 연관성 속에서 살펴본다면 질문행위는 저항을 의미합니다. 분석가가 말해야 할 것들을 정해주면 당연히 저항 이후에 무의식과 대면해야 할 일도 없어지게 됩니다. 무의식은 그 어떤 것도 정해져 있지 않은 말하기 속에서만 드러날 수 있기 때문입니다. 프로이트는 이 점을 경험을 통해서 알고 있었기 때문에 주체의 요구에 부응하지 않았던 겁니다. 유년기 시절에 관해서 이야기해보라거나 성 환상에 관해서 이야기해보라고 하는 것은 무의식을 드러내는 데 아무런 도움이 되지 않습니다.

따라서 분석가는 침묵합니다. 분석가의 침묵은 하나의 해석입니다. 자유연상을 계속해서 이어나가라고 권유하는 것이죠. 그러나 신경증자가 자유 연상을 이어가는 것은 아닙니다. 분석가가 제시하는 규칙을 잘 따르는 주체들은 거의 없습니다. 신경증자는 자신의 이야기를 하는 대신 분석가에게 뭔갈 표현합니다. 분석가에게 분노를 표현하는 경우도 있습니다. 자신을 적절하게 도와주지 않았다고 말이죠. 아니면 자유 연상을 하는 대신 침묵합니다. 주체는 침묵함으로써 무엇을 말해야 하는지 알지 못한다는 입장을 보여주고 분석가가 정해주기를 암묵적으로 요구합니다. 분석치료의 규칙에 대해서 저항하고 치료의 틀을 무너트리려는 뭔가가 등장합니다. 이것이 바로 전이입니다.

전이는 본질적으로 저항적입니다. 전이가 작동하기 시작하면서, 주체는 분석치료의 규칙들을 어기기 시작합니다. 마치 치료를 원하지 않는 것처럼 분석상황을 망치려고 하는 것이죠. 정신분석이 진행되기 위해서는 환자가 말해야 한다고 말해주었음에도 불구하고 환자는 그것을 따르지 않습니다. 오히려 주체는 분석가로 하여금 말하게 하려고 합니다. 전이가 나타나면서 환자의 말은 중단되게 되고, 따라서 전이는 저항적인 것이죠.

좌절과 전이

📝 진실이라는 관점에서 접근한다면 '전이는 저항'이라고 이론화할 수 있습니다. 이를 또 다른 관점, 리비도적인 관점에서 살펴볼 필요가 있습니다. 리비도적 관점에서 접근하면 전이의 다른 모습이 보이기 때문입니다. 전이는 단순히 무의식의 진실을 감추는 것이 아닙니다. 전이는 말이 아니라 행위로서 무의식의 진실을 보여줍니다. 이 무의식의 진실은 바로 주체가 만족을 얻는 방식입니다. 즉, 전이를 통해 충동의 주체가 전면에 드러나는 것이죠.

분석가가 침묵하는 것은 환자를 좌절(frustration)시키는 일입니다. 분석가가 주체의 요구를 거절하기 때문입니다. 무엇을 말해야 할지 모르는 주체는 약간의 불안과 함께 분석가에게 도움을 요청합니다. 당연히 분석가가 도와줄 것이라는 기대와 함께 말이죠. 만약 분석가가 주체의 기대에 부응해 도움을 준다면 주체는 만족을 얻게 되고 불안은 가라앉습니다. 하지만 분석가는 그것을 거절합니다. 이렇게 되면 주체는 만족을 얻지 못하게 됩니다. 즉, 불안은 더욱 커지고 불만족스러운 상황에 부닥치게 됩니다.

이때 주체의 편에서 공격성(aggressivité)이 나타납니다. 자신의 요구에 적절히 부응하지 않고 자신이 원하는 만족을 주지 않는 타자에 대한 증오인 것이죠. 심리적인 만족을 주지 않는 타자에 대해서 증오가 생기는 건 이상한 일이 아닙니다. 하지만 여기서 정말로 주목해야 할 것은 이 증오와 공격성이 주체에 의해서 처리되는 방식입니다.

먼저 첫 번째로 증오가 억압되지 않고 쉽사리 드러나는 경우가 있습니다. 만족을 주지 않는 타자를 향하는 겁니다. 요즘 흔히 말하는 갑질이라는 것을 생각해봅시다. 자신이 원하는 서비스를 받지 못했을 때 직원을 말과 행동을 통해 마구 공격하는 사람들이 있습니다. 이 공격의 이유는 간단합니다. 자신이 원하는 것을 받아내기 위한 것이죠. 마찬가지로 주체는 분석가를 향해 공격성을 표출하고 자신이 원하는 대답을 듣길 요구합니다. 이 경우는 공격성이 타자, 즉 만족을 주지 않는 타자를 향하고 있는 것이죠.

나머지 하나는 공격성이 자기 자신을 향해서 되돌아오는 겁니다. 주체는 자기 자신이 뭔갈 잘못했는지 생각하게 됩니다. 바로 죄책감의 형태로 나타나는 것이죠. 만족을 주지 않는 타자를 비난하는 것이 아니라 자기 자신에게로 비난의 화살을 돌리는 겁니다. 이러한 경우 주체는 타자의 욕망을 추측하기 시작합니다. 타자가 응답하지 않을 때 타자가 왜 응답하지 않는지를 생각하면서 자신이 무엇을 잘못했는지 생각합니다. 만약 자신이 적절한 방식으로 말을 한다면 분석가가 응답할 것이라고 생각하게 됩니다. 이러한 경우 분석의 규칙, 자유 연상에 더욱 부응하게 되는 효과가 발생하죠.

신경증자에게서는 후자의 방식으로 공격성이 작동합니다. 실제로 공격성이 외부의 타자를 향한다고 할지라도 분석가가 제대로 된 태도를 보인다면 주체는 자기 자신에게 의문을 갖게 됩니다. 이것은 바로 신경증자가 정신분석가의 권위를 존중하기에 벌어지는 일입니다. 신경증자는 분석가에게 자신이 아는 것보다 더 많은 지식들이 있을 것이라 믿습니다. 따라서 신경증자는 분석가가 침묵하는 이유가 무엇인지 궁금해합니다. 이렇게 주체가 분석가의 욕망에 의문을 갖기 시작하면서부터 전이-저항이 사라지고 정신분석은 본격적으로 진행됩니다. 분석가에게 권위가 생기지 않는

한 그 어떤 개입도 효과를 발휘할 수 없기 때문입니다.

정신분석의 초반부에는 반드시 전이-저항이 나타날 수밖에 없습니다. 바로 좌절이 있기 때문입니다. 그런데 주체를 좌절시키게 되면 주체는 고통을 겪게 됩니다. 불쾌함을 겪게 되죠. 바로 이 때문에 대상관계 이론가들은 프로이트의 이런 치료를 비판했습니다. 프로이트가 너무 냉정했다는 거죠. 하지만 프로이트가 이를 몰랐던 것은 아닙니다. 프로이트가 이런 방식으로 치료할 수밖에 없었던 까닭은 전이적 반응이 나타난다는 것이 신경증의 핵심이기 때문입니다. 신경증자에게서는 전이가 매우 쉽게 일어납니다. 전이 자체가 신경증의 증상인 것이고, 전이를 다루어야만 근본적인 분석적 치료가 가능해지기 때문입니다.

" 유아적인 것

📝 분석가가 환자를 좌절시키는 까닭은 바로 주체가 어떤 행동들을 하도록 만들기 위함입니다. 전이적 행위들이죠. 불쾌가 증가하는 상황 속에서 주체는 전이의 전략들을 취하게 됩니다. 이 전략의 목표는 분석가가 응답하도록 하는 겁니다. 분석가의 응답을 통해서 주체의 불쾌가 완화되기 때문입니다. 즉, 주체는 만족을 주길 바라는 것입니다.

모든 사람에게는 각각의 만족을 얻는 방식이 존재합니다. 이것이 바로 무의식의 주체, 충동의 주체입니다. 이 충동의 주체는 유년기에 주체가 부모와의 맺었던 관계를 통해서 형성되고 주체의 인생 전반을 지배합니다. 전이적 태도는 주체가 만족을 얻고 사랑하는 방식을 보여주는 것이기 때문입니다. 그리고 이 관계가 다시 현재 분석가와의 관계 속에서 나타나는 것이죠. 말하자면 전이는 우리 안에 있는 유아적인 모습들을 타자와의 관계 속에서 꺼내놓는 것이라고 할 수 있습니다.

좀 더 설명해보죠. 어린아이는 스스로 해결할 수 없는 것들이 많습니다. 그렇기 때문에 부모에게 요구합니다. 하지만 어린아이가 부모로부터 항상 만족을 얻을 수 있는 건 아닙니다. 부모가 바쁠 수도 있고 유아의 요구를 들어주기 싫을 수 있습니다. 어찌 되었든 이러면 좌절감이 들겠죠. 이때 아이는 만족을 얻기 위해서, 말하자면 부모로부터 관심을 받고 사랑받기 위해서 어떤 태도를 취합니다. 왜냐하면, 부모가 아이를 사랑한다면 대상들을 줄 것이라 간주하기 때문입니다. 여러 가지 태도를 시험 삼아 해보게 되는데, 부모의 '무의식'과 맞아떨어지는 순간이 있습니다. 다른 것은 안 됐는데 이렇게 행동하니까 부모가 응답한 것이죠. 이렇게 되면 아이는 계속해서 그 행동을 반복하게 됩니다. 아이가 만족을 얻는 방식이 정형화되는 것이죠.

  예를 들어봅시다. 아이가 공공장소에서 뭔갈 요구했는데 어머니는 들어주지 않았습니다. 아이는 기분이 나쁘겠죠. 그래서 아이가 발버둥을 치고 울고불고 난리를 쳤더니 엄마가 결국 원하는 것을 들어줬습니다. 어머니는 아이를 달래기 위해서 어쩔 수 없이 들어줬지만 결과적으로 아이는 떼를 쓰면서 원하는 것을 얻어냈습니다. 이렇게 되면 아이에게는 어떤 결과가 남겨질까요? 아이는 그와 같은 방식으로 만족을 얻을 수 있다는 사실을 깨닫습니다. 이렇게 되면 바로 성인이 되었을 때도 같은 방식으로 만족을 얻으려고 합니다. 예를 들어서 불쾌한 상황과 대면할 때 타자로부터 만족을 얻어내는 방법으로 그와 같은 전략, 울고불고 난리를 치면서 타자를 곤란하게 하는 방법을 선택한다는 것이죠.

  사람은 각자 만족을 얻는 방식이 존재합니다. 충동의 주체로서 만족을 얻는 방식이 존재한다는 것이죠. 그런데 이 방식, 태도는 성인이 되면서 점차 감춰집니다. 사라지는 게 아니라 감춰집니다. 왜냐하면, 미성숙해보이기 때문입니다. 우리는 어른이 되면서 항상 모든 것을 얻을 수 없다는 사실을 배우게 됩니다. 만족을 포기하는 법을 배우면서 어른이 되죠. 물론 만족을 얻지 못한다면 좌절스럽습니다. 이럴 때 타자를 증오하게 되거나 죄책감에 시달리게 됩니다. 동시에 내 안에 있는 것들을 표현하고 싶어집니다. 하지만 인간은 커가면서 그것들을 감추고 개의치 않는 법을 배우게 됩니다. 마치 그것이 존재하지 않는 것처럼 행동할 때, 우리는 이상적인 인간이라고 평가받습니다. 즉, 어른이 되는 조건은 충동을 조절하는 법을 배우는 것입니다.

그렇기 때문에 충동의 주체는 억압되어 있습니다. 평소에는 잘 나타나지 않습니다. 하지만 특수한 상황 속에서 충동은 자극받고 인간을 그것들을 표현하길 원합니다. 즉, 정신분석 상황이 아니라 하더라도 전이적 반응은 언제든지 일어날 수 있습니다. 그런데 일상적인 상황에서는 전이적 반응을 억누르는 사람들을 가리켜서 '성숙하다'고 말합니다. 반대로 불만족스러울 때 분노를 표현하거나 죄책감을 겪는 것을 보면 유아적이라거나 마음이 약하다는 식으로 이야기가 나옵니다. 이것은 무슨 뜻이냐면, 전이적인 반응을 증상적인 것으로 보고 있다는 겁니다. 합리적 자아의 관점에서 보았을 때 미성숙한 모습이라는 것이죠. 그래서 그것들을 감추라고 요구합니다. 하지만 신경증의 치료를 위해서는 그 미성숙하고 유아적인 모습들을 있는 그대로 드러낼 수 있어야 합니다.

❝ 어른 되기의 불가능성

✒ 보통 일련의 심리치료는 그러한 충동을 좀 더 성숙한 다른 것으로 대체하고자 합니다. 유아적인 모습들을 버리고 성숙한 어른이 되도록 만들려고 합니다. 이것은 충동을 부적절한 것, 제거되어야 할 어떤 것으로 본다는 것을 의미합니다.

하지만 이러한 치료는 불가능하며, 근본적으로 실패할 수밖에 없습니다. 충동은 단순히 유아적인 것이 아니라 인간 주체가 만족을 얻는 유일한 방식이기 때문입니다. 주체가 완벽하게 성숙한 태도를 취하는 것은 불가능합니다. 성숙한 태도를 취하려면 당연히 충동의 요구를 무시해야 합니다. 충동은 계속해서 참는 경우에 강해집니다. 충동을 적절히 해소해준다면 문제가 발생하지 않습니다. 하지만 충동의 만족을 계속해서 유예하다 보면 충동은 어느 순간 자아의 통제력을 넘어서서 자신 멋대로 행동합니다. 이런 경우를 쉽게 말하자면 참다 참다 더는 못 참게 되는 것이라고 할 수 있습니다. 이것이 바로 신경증적 상태이죠.

흔히 사람들은 신경증자를 보고 자아가 약하다고 말합니다. 자아가 약하기 때문에 충동을 적절히 통제하지 못하고 그렇기 때문에 증상을 갖게 된다고 말하는 것이죠. 예를 들어 폭식증자는 자아가 약하기 때문에 구강 충동을 억압하지 못한다고 말합니다. 하지만 이는 사실이 아닙니다. 신경증자는 자아가 약한 사람들이 아닙니다. 지나칠 정도로 자아가 강하기 때문에 충동이 강해진 것입니다. 만족을 얻지 못한 만큼 충동의 만족이 더욱 거세지게 되는 것입니다. 신경증자의 무의식이 성적인 공상으로 가득

차 있는 까닭은, 단순히 성욕이 강하기 때문이 아니라 억압되어 있기 때문인 것이죠.

신경증자가 충동을 억압하는 까닭은 기본적으로 충동의 주체는 부정적인 것이라고 간주하기 때문입니다. 신경증자는 어른이 되길 원하고, 그렇기 때문에 어린아이 같은 자신의 모습을 버리고 싶어 합니다. 이것이 심리적으로 건강한 사람들과의 차이점입니다. 심리적으로 건강한 사람들은 적절히 충동에 만족을 줍니다. 자신에게 좋은 것들, 만족을 주는 일들을 허용한다는 것이죠. 이렇게 될 수 있는 까닭은 충동 자체를 부정적인 것이라고 보지 않기 때문입니다. 자, 이를테면 성욕이 생기고 공격성이 생기는 것 자체를 부정적인 것이라고 보지 않는다는 것이죠. 그러니 표현할 수도 있게 되고 만족도 얻을 수 있게 됩니다. 하지만 신경증자는 그것들의 발생 자체를 부적절들을 부적절한 것이라고 간주합니다. 그렇기 때문에 만족을 얻지도 못하는 것이죠.

인격적 성숙을 겨냥하는 치료는 충동에 대한 주체의 관점을 더욱 부정적인 것으로 만듭니다. 바로 이 때문에 신경증자의 치료는 인격적 성숙을 겨냥하지 않아야 합니다. 프로이트는 신경증 치료의 목적이 억압을 해소하는 것이라고 표현했습니다. 그러니까 충동을 부정적인 것으로 보는 태도에서 긍정적인 것, 적어도 나쁘지 않은 것이라고 인식을 바꾸어줄 필요가 있는 겁니다. 이렇게 되면 주체는 누가 시키지 않더라도 적절하게 만족을 추구할 수 있게 됩니다. 바로 이 때문에 신경증 치료는 반드시 전이를 중심으로 이루어져야 합니다.

〝 전이를 다루기

✐ 그렇다면 정신분석은 전이를 어떻게 다루어야 할까요? 프로이트의 「기억하기, 되풀이하기, 훈습하기」라는 논문에서 우리는 충동을 대하는 치료적 태도를 잘 볼 수 있습니다. 이 논문에서 가장 의미심장한 것은 전이를 대하는 프로이트의 태도입니다. 프로이트는 이 반복의 테마를 건들지 말라고 이야기합니다. 환자가 반복 강박으로서 전이적 태도를 분석가에게 보일 때 그것들을 중단시키지 말고 계속해서 보여줄 수 있도록 내버려두어야 한다는 겁니다. 프로이트는 이것을 "반복 강박의 권리를 인정하고 전이의 운동장을 열어준다"고 표현합니다.

이는 무엇일까요? 환자가 전이를 보여줄 때 그것들을 비난하지도 않고 또 요구를 들어주지도 않는 겁니다. 하지만 곁에는 계속해서 머무는 것이죠. 특이한 일이고 힘든 일입니다. 다른 곳에서는 반복 강박이 나타나면 거의 즉시 그것을 중지시키려고 합니다. 이상한 일이 아닙니다. 주체가 타자를 마구 비난한다면 타자는 주체를 비난하거나, 혹은 변명을 하게 됩니다. 누군가 이상할 정도로 죄책감에 시달리면서 우울해한다면 그런 기분을 느끼지 말라고 위안을 주려고 합니다. 전이를 중단시키려고 하는 것이죠.

타자가 전이를 중단시키려고 하는 이유는 바로 불쾌 때문입니다. 전이의 수신인이 되는 경험은 불쾌를 유발합니다. 전이가 작동할 때 주체는 타자의 말을 있는 그대로 믿지 못하고 의도를 자신의 마음대로 해석합니다. 즉, 주체의 환상이 타자에게 덧씌워지는 것이죠. 이때 타자는 자신의 존재를 무시당한다고 느낍니다. 자신과는 전혀 상관없는 것들을 말하기 때문입니다. 그래서 타자는 주체를 설득하려고 합니다. 주체가 오해하고 있으며 그것이 사실이 아니라고 말합니다. 이는 주체가 자신의 존재를 있는 그대로 바라볼 수 있도록 만들기 위한 것이죠. 이것이 통상적으로 생각할 수 있는 '인간적인 반응'입니다.

하지만 정신분석에서는 그러한 행동을 안 하려고 한다는 겁니다. 정신분석가는 인간적인 반응을 보이지 않는다는 것이죠. 이는 전이를 중단시키는 모든 행위가 충동에 대한 부정적인 인식을 강화할 수 있기 때문입니다. 신경증적 주체는 전이적 태도들을 보여줄 때 불안을 겪습니다. 전이가 분석에 대한 저항적인 행위이기 때문이죠. 그는 분석에 적절히 참여하지 못하는 자신을 분석가가 비난하고 있을지 모른다고 생각할 수도 있습니다. 혹은 자신의 치료를 포기할지도 모른다고 생각합니다. 분석가는 솔직히 말해도 좋다고 이야기해서 그것에 부응한 것이지만 그 말을 믿지 못하는 것이죠. 만약 이 상황에서 분석가가 전이적 태도를 중지시키려고 하면 어떻게 될까요? 주체는 자신의 진실을 분석가'에게도' 보여줄 수 없다고 생각합니다. 이렇게 되면 신경증자는 충동을 더욱 감추려고 하게 될 것이고, 결국에 치료적인 효과를 볼 수 없게 됩니다.

이때 분석가가 묵묵히 그것들을 견뎌주는 것은 행위의 차원에서 전이를 무조건적으로 수용해준다는 것을 말합니다. 이 태도가 매우 중요합니다. 분석가의 수용적 태도 속에서 주체는 전이에 대한 부정적인 인식들을 하나둘씩 버리게 됩니다. 즉, 그것들을 무조건 숨기는 것이 아니라 표현해도 된다는 사실을 알게 되는 것이죠. 바로 이렇게 억압이 해소됩니다.

〞 전이의 해석

✒ 억압이 해소되는 순간에 아주 중요한 일이 벌어집니다. 주체가 전이를 충분히 보여주고 나면 전이와 관련된 기억들이 떠오릅니다. 이렇게 되면서 주체의 억압은 해소되고 충동은 주체의 일부분이 됩니다.

예를 들어보겠습니다. 한 남성 환자는 분석가를 만나서 그가 적절히 반응하지 않자 곧바로 분석가에게 분노를 표현하기 시작했습니다. 분석가가 말을 하지 않자 그를 타이르기도 하고 위협하기도 하면서 말을 하도록 만들려고 했죠. 어떤 날은 울면서 호소하기도 했습니다. 그러다가 어느 날 갑자기 그는 아버지에 대한 기억들을 떠올렸습니다. 자신은 자신에게 관심이 없는 아버지가 너무나 싫었다고 말했죠. 그러니까 환자의 입장에서는 분석가의 침묵이 아버지의 무관심을 떠올리도록 한 겁니다. 즉, 분석가의 침묵과 아버지의 무관심이 무의식적으로 연결된 겁니다. 그래서 아버지에게 행동했던 것처럼 분석가에게 행동했던 것이죠. 하지만 처음에 그는 이 사실을 알지 못했고 전이를 충분히 보여주고 나서야 자신의 행동이 과거의 아버지에 대한 어떤 것과 연결이 되었다는 사실을 알게 됩니다.

이렇게 해서 전이는 해석됩니다. 하나의 전이-저항을 해석한 것이고 하나의 증상을 분석하는 데 성공한 겁니다. 이것을 가리켜서 프로이트는 '돌파하기'라고 부릅니다. 저항하는 힘을 돌파해서 무의식적 기억들이 올라왔기 때문입니다. 돌파하기에 대한 프로이트의 태도는 상당히 중요한 것입니다. 왜냐하면, 정신분석에서 전이를 해석한다는 말의 진정한 의미가 무엇인지 보여주기 때문입니다.

　보통 전이를 해석한다고 하면 치료사가 환자에게 어떤 것들을 오해했는지 좀 더 건강하고 건설적인 방식으로 말해주는 것이라고 생각합니다. 전이가 발생하면 환자는 환상을 봅니다. 그리고 치료사는 그것이 매우 부적절한 대응방식이라는 것을 가르쳐줍니다. 분석가가 해석을 통해서 그것이 환상적인 것임을 지적하는 것이죠. 예를 들어서 환자가 정신분석은 나쁜 것이고 따라서 분석가를 불신한다고 말하면, 환자가 불신하는 건 상당히 비이성적이라고 말할 수 있습니다. 왜냐하면, 환자는 분석을 받아본 적이 없기 때문에 분석에 대한 선입견을 가지고 있는 것에 불과하죠. 일종의 환상을 보고 있는 것입니다. 이때 분석가는 이 사실을 지적함으로써 환자가 환상으로부터 거리를 둘 수 있도록 만드는 것이죠.

　사실 이런 관점은 어느 정도는 옳습니다. 전이저항이 발생할 때 환자는 분석가를 제대로 보지 못합니다. 항상 오해합니다. 그저 과거에 했던 행동들을 계속해서 반복할 뿐이죠. 전이에 대한 해석은 분석가가 환자의 잘못된 시각을 고쳐주면 치료가 될 것이다라고 말하는 거죠. 이는 마치 어린아이를 합리적인 이성을 가진 어른이 이성과 논리로 설득하려고 하는 것과 같습니다. 실제로 이러한 방식으로 치료하는 분석가들도 많습니다. 그리고 이러한 치료가 가능한 이유는 바로 신경증자들의 특성에 있습니다. 신경증자는 전이를 보여줄 때, 자신이 환상을 보고 있다는 사실을 알고 있습니다. 실제적으로 무엇인가를 경험하고 있긴 하지만, 자신이 어딘가 어긋난 행동을 하고 있다는 사실 역시 알고 있습니다. 이것이 바로 정신병자와 신경증자의 차이입니다. 정신병자는 자신이 보는 것을 확신하는 반면 신경증자는 믿지 못합니다. 이처럼 자신의 환상을 전적으로 믿지 못하기 때문에 누군가가 논리적으로 설득하게 되면 어느 정도는 효과를 발휘

합니다.

　하지만 이러한 방식의 치료에는 한계점이 존재합니다. 이것은 의식적인 태도를 강화해서 전이가 표면으로 드러나지 않도록 만드는 것에 불과하기 때문입니다. 만약 치료사로부터 그런 말을 듣게 되면 환자는 자신이 같은 반응을 보이려 할 때마다 자신이 무슨 일을 하고 있는지 되새기면서 억제하려고 합니다. 즉, 불쾌해서 표현하고 싶지만 그것들이 정상적인 반응이 아니라고 간주하면서 참게 됩니다. 이렇게 되면 표면적으로는 상당히 증상이 완화된 것처럼 보입니다. 하지만 이는 전이라는 증상을 자기 자신에 대한 반성으로 대체한 것에 불과합니다. 여전히 전이는 작동하고 있지만 겉으로 드러내지 않을 뿐이라는 것이죠.

　진정한 목표는 전이에 대한 부정적인 인식을 해소하는 겁니다. 즉, 불쾌하지만 참도록 만드는 것이 아니라 그 상황에서 전이로 인한 불쾌함 자체를 경험하지 않도록 만드는 것이죠. 예를 들어서 과거에는 불쾌해서 견딜 수 없었던 상황을 웃어넘길 수 있게 된다면 이것은 하나의 근본적인 변화를 이끌어낸 겁니다. 신경증의 치료가 겨냥하는 상황은 바로 이것이죠. 충동에 대한 부정적인 인식이 제거되어야 신경증자는 적절히 해소할 수 있게 됩니다. 참고 견디고, 의지로 이겨내도록 만드는 것이 아니라 적절히 그것들을 해소할 수 있도록 만들어야 치료적인 효과가 나타나는 것이죠.

　전이의 환상성을 지적하는 해석은 분석적인 의미의 해석이 아닙니다. 이를 통해서는 주체를 해방시킬 수 없습니다. 전이는 해석되어야 하는 게 맞지만, 이것은 분석가에 의해서 이뤄지는 게 아닙니다. 분석가는 상황을 지탱하는 역할을 맡을 뿐이고 환자가 스스로 기억들을 떠올리면서 해석이 이뤄지죠. 정신분석에서 분석가가 반드시 필요한 이유가 여기에 있습니다. 분석가라는 존재 없이는 전이를 지탱할 수 없습니다. 분석가는 자신에게 투사되는 환자의 환상을 거부하지 않습니다. 그것들을 마음껏 투사하도록 만드는 것이 분석가의 임무입니다. 그 환상을 심리적인 현실로서 존중하는 것이죠. 이렇게 해야만 진정한 의미에서 전이는 해석됩니다. 과거의 기억들이 떠오르면서 주체는 자신의 전이를 스스로 해석할 수 있게 됩니다.

〃 역전이

📌 분석가의 역할은 전이를 지탱하는 것입니다. 물론 이것은 쉬운 일이 아닙니다. 프로이트는 주체의 충동을 불러일으키는 일을 "지옥을 움직이는 것"이라고 이야기했습니다. 왜 그랬을까요? 왜냐하면, 말 그대로 분석가는 환자로부터 실제로 괴롭힘을 겪게 되는 경우가 많기 때문입니다. 분석가도 인간이기 때문에, 환자가 모욕을 한다든지 아니면 자유 연상을 하지 않고 침묵만 하게 되면 화가 날 수 있죠. 혹은 무력감을 느낄 수도 있고 두려움을 느낄 수도 있습니다. 혹은 자신의 환자에게 성적인 매력을 느낄 수도 있습니다.

프로이트가 정말로 혁명적이었던 점은 정신분석가는 이 모든 개인적인 반응들을 보이지 않아야 한다고 지적했다는 사실에 있습니다. 정신분석에서 분석가는 한 명의 인간이 아니라 분석가라는 기능으로서 임해야 하는 것이죠. 이러한 기능을 가리켜서 프로이트는 "텅 빈 스크린"이라고 불렀죠. 분석가는 환자가 보고자 하는 것을 비춰주는 스크린이 되어야 한다는 겁니다. 이를 위해서는 개인적인 생각이나 감정 등을 감출 필요가 있습니다. 주체가 분석가에 대해 아는 것이 없을수록 환상을 투사하기 쉬워지기 때문입니다.

이것은 전이에 대한 개인적 반응을 보이지 않아야 한다는 것을 의미합니다. 그래야만 환자는 마음 놓고 전이를 투사할 수 있습니다. 하지만 환자의 전이가 투사되는 역할을 하면서 분석가에게도 전이적 반응이 일어납니다. 바로 역전이(contre-transfert)가 일어나는 것이죠. 하지만 프로이트가 했던 말은 전이에 대한 역전이적 반응이 일어나서는 안 된다는 것을 의미하는 게 아닙니다. 분석가에게서 역전이적 반응이 일어나는 일 자체를 부정적인 것으로 간주하면, 분석가는 역전이가 일어날 때마다 죄책감을 느끼게 됩니다. 분석가의 개인 분석이 충분하지 않아서 역전이가 일어난다고 생각하기 때문입니다. 하지만 프로이트가 했던 말은 역전이 자체가 잘못되었다는 것이 아닙니다. 역전이가 분석에 악영향을 미치지 않도록 분석가가 제대로 통제해야 한다는 것을 뜻하죠.

하지만 이것 자체가 쉬운 일이 아닙니다. 환자가 분석가를 좌절시키는 경우 분석가 역시 전이적인 반응이 일어납니다. 역전이가 일어날 때 분석가가 제대로 분석되지 않았다면 무슨 일이 벌어지게 될까요? 자극이 된 충동은 현실화됩니다. 말하자면 바로 환자의 전이적 태도에 대해서 감정적인 반응을 보이게 됩니다. 환자가 분석가를 자극할 때 화를 내면서 그만하라든지 하는 식으로 말을 하거나 환자의 성적인 관계를 맺는 것 등이죠. 아니면 자신은 환자를 받을 역량이 되지 않는다고 생각하면서 스스로 환자의 분석을 포기할 수도 있습니다. 신경증적 주체가 무의식에 의해 휘둘려가듯이 분석가 역시 무의식에 휘둘릴 수 있습니다. 분석가도 무의식을 가진 인간이기 때문입니다.

역전이를 대놓고 드러내는 일은 분석을 망치는 일입니다. 전이가 해석되는 일을 방해하기 때문입니다. 신경증자가 자신의 무의식적 충동에 대해서 알지 못했던 이유는 지금까지 한 번도 그것들을 표현해본 적이 없기 때문입니다. 주체는 항상 그것들을 제대로 보여주지 못합니다. 타자들이 제대로 받아들여줄 리 만무하죠. 게다가 주체는 자신이 전이적 반응을 보인 후에 스스로 죄책감을 느낍니다. 분석가가 자신을 미워하거나 버릴 거라고 생각하죠. 죄의식과 불안이 발생합니다. 바로 이 때문에 전이적 반응에 대해서 분석가가 부정적인 반응을 보인다면 주체의 죄책감은 더욱더 심해지고 그것들을 보여주지 못하게 되는 일이 발생합니다. 그리고 이것은 다시 그것들을 억압하게 만드는 것에 불과합니다.

그러니 분석가는 자신의 전이를 통제할 수 있어야 합니다. 그런데 이를 어떻게 할 수 있을까요? 정신분석을 통해서 전이에 대한 변화를 이끌어낼 수 있습니다. 바로 이 때문에 정신분석가는 개인 분석을 필수적으로 받아야 합니다. 신경증자가 분석을 통해서 충동의 방출을 컨트롤할 수 있게 되듯, 분석가 지망생 역시 분석을 통해서 같은 효과를 보게 됩니다. 전이가 충분히 분석되고 해소되어야 그 힘을 분석가가 이용할 수 있습니다. 만약 그렇지 않다면 분석가 역시 자신의 충동을 무분별하게 표출하며 역전이에 휘말리게 되고 분석을 망칠 수 있습니다.

물론 충동에 대한 분석이 완전할 수는 없습니다. 아무리 정신분석을 오랫동안 받고 자기분석을 진행한다 하더라도 충동은 여전히 남아있기 마련입니다. 이것은 분석가 역시 인간이기에 겪는 문제입니다. 충동을 모두 제거하는 것은 그 어떤 감정도 느끼지 않는 평온한 상태에 도달하는 것인데 이는 불가능합니다. 이런 점에서 정신분석가는 '불가능한 직업'입니다. 그렇기 때문에 분석가가 환자에게 전이를 일으키는 것은 부적절한 일이 아닙니다. 어떤 정동을 품는 것 자체가 잘못된 것은 아닙니다. 하지만 그것을 표현하는 것은 치료적으로 옳지 않습니다.

그리고 정신분석가의 역전이는 단순히 분석을 위협하는 어떤 것이 아닙니다. 분석가는 자신의 역전이를 통해서 자신의 무의식을 다시 들여다볼 기회를 갖게 될 수 있기 때문입니다. 그것을 분석함으로써 지식들을 도출해내도 다시 환자와의 분석 작업에 이용할 수 있게 됩니다. 즉, 분석가로서의 역량을 더욱 키워나갈 기회가 되기에, 역전이에는 긍정적인 면도 존재합니다.

〝 전이라는 전쟁터

✎ 전이는 무의식의 주체, 그 충동의 주체를 분석 장면 속으로 불러오는 것입니다. 정신분석의 가장 큰 특징은 전이를 불러일으킨다는 데 있습니다. 이것은 여타의 심리치료적 개입과 확연히 구분되는 점입니다. 심리치료는 전이에 '대해서' 작업합니다. 이를테면 환자는 자신의 가까운 사람과 전이적 관계를 맺고 있습니다. 부모나 애인 혹은 직장 상사 등 말이죠. 이럴 때 그들과의 관계 속에서 나타나는 문제적인 현상에 대해서 논의하고 개선하는 방법을 찾습니다. 이와는 반대로 정신분석은 그 전이의 양상을 분석가와의 관계 속으로 불러옵니다. 이를 통해서 전이에 직접적으로 개입하면서 분석을 하는 것이죠.

이를 위해서 분석가는 환자를 의도적으로 좌절시킵니다. 전이를 불러일으키는 요소는 바로 좌절이기 때문입니다. 좌절을 경험하게 되면 불쾌가 증가합니다. 이럴 때 충동이 작동하기 시작하면서 만족을 얻기 위해서 어떤 행위들이 나타납니다. 즉, 불쾌를 감소시키기 위해서죠. 그렇기 때문에 프로이트는 정신분석의 초반부를 의도적으로 주체를 좌절시키는 방향으로 구조화했습니다. 반대로 좌절이 일어나지 않는다면 전이는 일어나지 않습니다. 주체는 이성을 지킬 수 있고 매우 합리적인 대화를 하죠.

이것이 심리상담과 정신분석이 구분되는 점입니다. 요즘 심리상담서비스, 심리치료서비스라는 말을 종종 들을 수 있습니다. 서비스란 무엇일까요? 서비스는 주체를 즐겁게 해줍니다. 적어도 불쾌하게 만들지 않죠. 혹은 이미 불쾌해서 왔다면 그 불쾌함을 해소시켜주는 것이 서비스입니다.

그러니까 서비스는 주체가 원하는 것을 주는 것입니다. 하지만 정신분석은 의도적으로 불쾌를 불러일으킨다는 점에서 서비스라고 할 수 없습니다. 주체는 분석에서 자신이 원하는 것을 받을 수 없습니다. 분석가는 그것을 비켜나갑니다. 그래야만 좌절이 발생하기 때문이죠.

정신분석이 좌절을 이용한다는 사실은 잘 알려져 있지 않습니다. 임상 현장에 있는 전문가들도 이를 잘 모릅니다. 심리치료 관련 종사자들 사이에는 적어도 주체를 불쾌하게 만들지는 말아야 한다는 암묵적인 합의가 있는 것 같습니다. 왜냐하면, 좌절은 고통스럽기 때문이죠. 그래서 '환자를 좌절시키는 것이 과연 치료인가?'라고 묻게 되죠. 직관적으로 생각해봤을 때 환자로 하여금 불쾌를 겪도록 만드는 게 치료라고 보기는 어려운 겁니다. 그래서 많은 임상가들은 환자가 불쾌하지 않도록 만드는 데 초점을 맞춥니다. 공감하고 긍정해주면서 말이죠.

심리치료사적 포지션은 진통제를 주는 것과 같습니다. 병이 나서 고통스러울 때 진통제를 먹어서 고통을 중단시킬 수 있을 겁니다. 하지만 이는 근본적인 치료가 될 수 없습니다. 진통제를 계속해서 먹어야 할 겁니다. 근본적으로 접근하기 위해서는 병의 원인이 무엇인지 파악하고 그것을 제거해야 합니다. 이 과정은 고통스러울 수 있습니다. 예를 들어서 사랑니가 나서 아픈데 진통제를 먹는다면 고통을 완화시킬 수 있습니다. 그런데 이를 뽑으려면 생살을 찢어야 하죠. 정신분석은 후자의 입장을 취합니다. 심리상담이나 심리치료가 겉으로 드러난 증상을 치료한다면 정신분석은 증상을 일으킨 근본적인 원인을 다루는 겁니다.

분석가가 환자의 전이적 대상이 되지 않는다면 안전한 자리에 있을 수 있습니다. 이 안전한 자리에서 자신의 이론과 지식들을 이용해서 사람들을 가르칠 수도 있을 겁니다. 하지만 이것은 그 어떤 변화도 일으키지 못합니다. 무의식에 대해서 머리로 이해하는 것과 실제로 경험하는 것은 완전히 다른 차원에 속하기 때문입니다. 바로 이 때문에 정신분석가는 전이, 환자의 무의식적 환상 속으로 들어가야 합니다. 이는 당연히 쉬운 일이 아닙니다. 역전이가 일어나기 때문입니다. 분석가 역시 감정의 소용돌이 속으로 휘말려 들어갑니다. 자신을 잃을 것 같은 위험 속에서 정신분석가는 자신의 존재를 굳건히 지키고 있어야 합니다. 왜냐하면, 그래야만 환자가 전이를 온전히 보여줄 수 있기 때문입니다.

  프로이트는 전이의 용어를 쓸 때 항상 전쟁과 관련된 용어들을 사용했습니다. 전이의 전략이라든지, 환자가 전이로 내보이는 무기를 빼앗아야 한다든지 하는 식으로요. 혹은 승리하거나 패배한다고 말했죠. 그 이유는 무엇일까요? 전이는 실제로도 싸움이기 때문입니다. 전이의 현장은 치열한 전장입니다. 흙탕물이 튀는 전장이죠. 분석가는 전이라는 전장으로 들어가야 합니다. 왜냐하면, 분석가가 만나야 할 주체는 바로 그 전장 속에 있기 때문입니다.

3

정상성과 무의식

공감적 해석

📌 현대의 많은 정신분석가들과 심리치료사들 사이에서 각광받는 기법이 하나 있습니다. 바로 '공감(empathie)'입니다. 추구하는 이론을 불문하고 임상현장에서 공감이 강력한 치료적인 효과를 발휘한다는 것이 그 이유입니다.

임상가들뿐만 아니라 대중 역시 공감을 매우 중요시합니다. 상대방에게 이해받고 있다는 느낌을 받기 때문입니다. 주체가 항상 자신이 말하고자 하는 바를 명징하게 표현하는 것은 아닙니다. 말을 하다 보면 어딘가 어긋나서 내가 하고 싶던 말을 하지 못하게 됩니다. 그래서 의사소통에 혼선이 생기게 되죠. 단순히 주체의 의도를 제대로 전달하지 못하는 것으로 끝나지 않는 경우도 있습니다. 이 의사소통의 혼선 때문에 심각한 싸움이 발생하기도 하고, 인간관계가 틀어지기도 합니다. 때로는 직업적, 경제적으로 손해를 보게 되기도 하죠. 주체는 이런 상황에서 소외감을 느낍니다. 이 세상 어디에도 자신을 제대로 이해하는 사람이 없다고 생각하게 됩니다. 이때 공감이란 주체가 말하고자 했지만 제대로 말하지 못했던 것, 그 비언어적인 어떤 것을 알고 있다는 사실을 보여주는 겁니다. 이렇게 되면 주체는 타자가 자신의 진심을 알아준다고 생각하게 됩니다.

어떤 어머니가 딸과 말싸움을 흥분한 나머지, 딸에게 심한 말을 했습니다. '나는 너 같은 딸을 낳은 적 없으니 집을 나가라.'라고요. 그리고 나서 후회했죠. '내가 왜 그런 말을 했을까?' 하고 말이죠. 이럴 때 공감적 해석은 아마도 '말은 그렇게 했지만 사실은 따님을 소중하게 생각하시고 있죠.'

정도가 되겠죠. 왜냐하면, 그 어머니는 말하고 나서 후회했기 때문입니다. 어머니가 했던 말은 자신이 진정으로 하고 싶었던 말이 아니었습니다. 단지 홧김에 했던 말에 불과합니다. 딸은 저 말을 듣고 어머니에게 실망했습니다. 딸은 어머니의 말을 문자 그대로 들었고 그것을 진실이라고 간주했던 것이죠. 반대로 공감적 해석은 그것이 어머니의 진실이 아니라고 말합니다. 어머니의 진실은 어머니가 말한 것이 아니라 말하고자 했던 것에 있다고 말해주는 것이죠.

    그럼에도 불구하고 신경증의 치료에서 공감은 지양되어야 합니다. 프로이트는 자신의 저술에서 공감의 중요성에 대해서 한 번도 말하지 않았으며, 오히려 환자와 냉정한 거리를 유지해야 한다고 보았습니다. 사실 공감은 치료적인 효과보다 부정적인 효과를 불러일으킵니다. 공감 어린 말이 당장 위안을 줄 수는 있어도 장기적으로 보면 오히려 역효과가 일어나는 것이죠. 현대에서 각광받고 있는 공감은 왜 주체에게 변화를 일으키는 데 도움을 주지 않을까요? 신경증의 치료에서 공감을 지양해야 하는 이유는 무엇일까요?

말실수의 메커니즘

📌 이에 대해서 말하기 이전에 먼저 말실수에 대해서 이야기해보겠습니다. 말실수가 드러날 때 주체의 말은 두 층위로 나뉩니다. 주체의 말하기는 '말한 것'과 '말하고자 했던 것'이 구분됩니다. 말한 것은 이미 내뱉어진 것, 말실수들이고 말하고자 했던 것은 말실수와는 전혀 관계없는 주체의 진정한 의도를 말합니다. 이 두 가지 중에서 우리가 일상적으로 말하는 진심은 어디에 속할까요? 바로 말하고자 했던 겁니다.

앞서 든 사례를 통해 다시 설명해보겠습니다. 어머니는 딸과 좋게 풀고 싶었습니다. 그런데 말을 하다 보니 자신도 모르는 사이에 이상한 말을 해 버린 겁니다. 여기서 말한 것은 딸에 대한 비난이고 말하고자 했던 것은 딸에 대한 사랑입니다. 하지만 말한 것과 말하고자 했던 것이 서로 달랐죠. 이 때문에 말을 한 자신도 후회했고 딸도 큰 상처를 받았죠. 어머니는 진심으로 딸을 사랑하고 있었습니다. 그녀는 분명히 딸을 사랑했죠. 그런데 이상한 말을 해서 딸과의 관계를 망쳐버렸습니다. 만약 우리가 상대방의 진심을 알아준다면, 단지 그녀가 말실수를 했을 뿐이라고 생각하면서 넘어가게 될 겁니다.

어머니는 왜 그런 말실수를 하게 된 것일까요? 아마도 평소에 어머니는 딸에 대한 미움을 표현하고 싶었을 겁니다. 하지만 모종의 이유들 때문에 그 미움을 표현할 수 없었을 것이고 이렇게 참고 눌러놓았던 생각들은 어머니가 흥분한 상태가 되어 자아의 통제력이 상실되었을 때 갑자기 표출

됩니다.

 혹자는 어떻게 어머니가 딸을 미워할 수 있느냐고 반문할 수 있습니다. 어머니라면 당연히 딸을 사랑해야 하는 것 아니냐고 물어볼 수 있습니다. 하지만 이것은 모성성(maternité)에 관한 환상에 불과합니다. 너무나 당연하게도 어머니라는 존재도 인간입니다. '어머니'라는 존재가 아니라 한 명의 여성, 한 명의 인간으로서 딸을 좋아하지 않을 수도 있습니다. 어머니도 호불호가 있는데 무조건적으로 딸을 사랑해줄 수는 없는 일입니다. 하지만 이 어머니는 딸과의 관계 속에서 한 명의 인간일 수 없었습니다. 이 개별자로서의 여성은 어머니로서의 역할을 맡아야 하고, 그 어머니의 역할은 딸에 대한 증오를 표현하지 못하도록 만듭니다. 좋은 어머니가 되고 싶어 했던 그녀는 딸을 증오하는 생각이 들 때, '아니야. 그래도 딸을 미워해서는 안 되지.'라고 하면서 자신을 다잡을 수 있죠. 이상적인 어머니상에 해당하지 않는 생각들을 거부하는 겁니다.

 말실수로 드러나는 생각들은 바로 이렇게 주체에 의해 거부된 생각입니다. 억압은 완벽하지 않습니다. 억압되어 있던 주체의 진실은 말실수를 통해 드러납니다. 어머니로서 해야 할 말들이 아니라 '한 인간'으로서의 진실이 말실수를 통해서 드러나는 것이죠. 하지만 어머니가 자신의 개인적 입장보다 어머니-딸이라는 관계를 더욱 중시한다면 말실수는 어머니 자신에 의해서 거부됩니다.

❝ 자아 이상과 이드

📝 이처럼 주체는 말하는 과정에서 분열을 겪습니다. 내가 말하고자 했던 것과 말한 것 사이에 분열이 존재합니다. 이러한 일이 발생하는 이유는 주체가 타자와 함께 살아가야 하기 때문입니다. 사회적 관계망 속에서 살아가는 주체는 항상 역할을 맡아야 합니다. 모든 인간은 어떤 상황 속에서 맡아야 하는 역할이 있습니다. 자식에게는 부모일 수 있고 또 자신의 부모 앞에서는 자식이 됩니다. 학교에서는 학생이어야 하고 회사에서는 직원일 수 있습니다. 이뿐만 아니라 남자와 여자라는 역할이 있습니다. 생물학적인 남성은 남자의 역할을 하도록, 여성은 여자의 역할을 하도록 요구받습니다. 한 명의 인간 존재와 그 인간이 수행해야 하는 역할이 있습니다. 그리고 이 역할을 적절히 수행하기를 요구받고, 그것을 잘한다면 좋은 평가를 받습니다. 반대로 잘하지 못한다면 비난을 면하기 힘듭니다.

하지만 인간인 이상 자신이 맡은 역할에 대해서 문제가 생길 수밖에 없습니다. 모든 사람들이 자신에게 부여받은 역할을 잘 수행할 수 있는 것은 아닙니다. 왜냐하면, 성격상 그게 맞지 않을 수 있기 때문입니다. 예를 들어, 어머니는 자애롭고 무조건적으로 아이를 사랑하도록 요구받습니다. 한국사회에서 통용되는 모성성입니다. 그런데 자신의 성격이 다소 털털할 수도 있고 아이를 따뜻하게 보살펴주는 것보다는 다소 독립적으로 키우는 걸 선호할 수도 있습니다. 이렇게 되면 자신이 요구받는 어머니의 모습과 자신의 실제 모습 사이에 괴리가 생기게 됩니다. 또 다른 예를 들어봅시다. 남자에게 부과되는 역할 중 하나는 바로 여자를 좋아해야 한다는 겁니다. 그런데 자신이 남자이면서도 남자를 더 좋아할 수 있습니다. 혹은 남성이면서도 여성에게 리드받는 걸 선호하는 수동적인 성격일 수도 있습니다. 이렇게 되면 남자의 역할과 실제 나 사이에 차이가 발생합니다. 내가 부여받은 역할과 실제 내가 항상 합치되는 건 아닙니다. 이런 일은 비일비재하게 일어나죠.

역할과 나의 존재 사이에 괴리가 벌어지면 어떻게 될까요? 대부분의 사람들은 바로 그 역할에 자신을 맞추려고 합니다. 이것은 사실 문명의 요구이기도 합니다. 문명은 주체에게 개인으로서의 욕망과 만족보다는 그것을 포기하고 역할을 잘 수행하라고 요구합니다. 좋은 학생, 좋은 남편, 좋은 아내, 좋은 부모가 되라고 명령하지 나 자신을 찾으라고 말하지 않습니다. 역할을 잘 수행하면 상을 받고 잘 수행하지 못하면 벌을 받습니다. 어린 시절부터 이러한 교육을 받으면서 살아온 사람들은 이 명령에 따라 자신의 실제 모습을 포기하고 자신에게 부여된 것을 하려고 합니다.

이런 상황에서 내가 포기했던 내 모습들은 완전히 사라지는 게 아닙니다. 다만 그것은 억눌려 있을 뿐이고 드러내고 싶어하는 욕망이 존재합니다. 진실한 나는 사회적 상황 속에서 적절치 못한 시기에 불쑥불쑥 드러납니다. 이것이 말로 드러난다면 말실수고 행위로 드러난다면 실수 행위입니다. 그리고 주체가 이것들을 실수라고 말하는 까닭은 자신의 욕망보다 관계를 더욱 중시하고 있기 때문입니다. 관계 속에서 자신이 하는 역할을 사랑하고 있는 것이며 반대로 자신이 실제로 원하는 것은 포기하고 있다는 것을 뜻하죠.

지금까지 이야기했던 역할과 실제 나를 각각 정신분석에서는 '자아-이상(idéal du moi)'과 '이드(ça)'라고 부릅니다. 자아-이상은 내가 부여받은 역할이고 이드는 실제 내 모습입니다. 자아는 그 사이에 존재합니다. 자아는 이드를 적절히 통제해서 자아-이상을 성취하라는 명령을 부과받습니다. 자아는 이드를 억압하고 통제하면서 자아 이상을 연기합니다. 그런데 이런 통제가 언제나 잘 이루어지는 것은 아닙니다. 나도 모르는 사이에 이드가 불쑥 튀어나와서 활동합니다. 자아-이상에 부합되지 않는 모습이 드러나는 것이죠.

자아 이상과 증상

✒ 그런데 이렇게 이상적인 모습에 자신을 맞추려고 하는 순간부터 주체는 불편함을 느끼게 됩니다. 왜냐하면, 자아-이상이라는 것은 마치 불편하게 자신을 꽉 조이는 옷과 같은 것이기 때문입니다. 평소에 가지 않던 고급스러운 자리에 초대받았다고 해봅시다. 그 안에서 우리는 기품있기를 요구받게 되는데, 사실 몸에 맞지 않는 옷을 입은 것처럼 불편해집니다. 솔직한 나 자신을 드러낼 수 없기 때문입니다. 자아 이상과의 관계도 마찬가지입니다. 자아 이상에 어울리지 않는 내 모습들을 잘라내야 하기 때문에 주체는 불편함을 겪습니다.

하지만 문명은 주체들이 그 역할을 맡도록 강요합니다. 그래야만 문명이 유지될 수 있기 때문입니다. 주체들이 자신의 역할을 충실히 이행하지 않는다면 그 문명 혹은 집단은 기능을 멈추게 됩니다. 예를 들어보겠습니다. 가정에는 각각의 주체들이 맡아야 하는 역할들이 존재합니다. 어머니, 아버지, 그리고 자식에게는 각자의 역할이 존재합니다. 만약 누군가 제대로 된 역할을 하지 않는다면 가정은 가정으로서의 역할을 하지 못하게 됩니다. 예를 들어 아버지가 자식에게 전혀 무관심한 채로 자신의 일에만 몰두한다든가, 자식이 부모님의 말을 듣지 않고 일탈을 일삼는 경우 등을 예로 들 수 있습니다. 이러면 문제가 발생하고 가정의 화목은 유지될 수 없습니다. 그러니까 주체에게 역할이 부여되고 그 역할을 수행하도록 강요하는 것은 그 집단, 문명의 존속을 위해서인 것이죠.

우리가 좋은 사람, 이상적인 사람이라고 말하는 것은 바로 자신이 부여받은 이 수많은 역할들을 충실히 이행하는 사람입니다. 이들을 이상적인 사람이라고 말하는 이유는 이 역할들을 수행하는 데 필요한 개인적인 희생을 감내했기 때문입니다. 예를 들어 좋은 직원이 되기 위해서는 일을 하기 싫다 하더라도 열심히 일해야 합니다. 학생도 마찬가지죠. 아버지나 어머니 역할도 마찬가지입니다. 인생이 힘들고 불안해도 부모는 그러한 모습들이 없는 것처럼 감추고 자식 앞에서 어른스러운 모습을 보여주도록 요구받죠. 이것은 매우 어려운 일이지만 성공적으로 이뤄낸다면 다른 사람들은 찬사를 보냅니다. 참부모다, 좋은 직원이다라는 식으로 말이죠. 물론 대부분의 사람들은 이상을 이루지 못하면서 살고 있지만, 그 이상을 이루기 위해 부단히 노력합니다. 바로 남들로부터 찬사와 인정을 받기 위해서 말이죠.

하지만 반대로 이상적이지 않은 사람들이 존재합니다. 사회적 이상을 거부하고 자신의 모습을 추구합니다. 바로 '비정상인들'입니다. 이 비정상인들이 바로 정신 병리적 주체들입니다. 병리적 주체들은 자신이 부여받은 역할을 적절히 수행하지 않습니다. 요즘 학생이 수업 시간에 공부하지 않고 딴짓을 하는 경우가 많다고 합니다. 단순히 딴짓을 하는 게 아니라 몸을 가만히 놔두지 못하고 계속 움직이며 집중을 하지 못합니다. 이러한 학생은 문명(학교)의 지속이라는 관점에서 별로 쓸모가 없는 주체가 되고 더 나아가서는 문명의 존속을 방해합니다. 그래서 이러한 학생이 있다면 그 학생은 비정상적인 학생이라고 인식됩니다.

과거에는 이런 주체들을 처벌이나 교육의 대상으로 여겼습니다. 잘 가르치거나 처벌을 통해서 문명에 대해서 반항하는 저 행위들을 제거하려고 했습니다. 만약 이렇게 된다면 학생의 저 문제적인 행동들이 사라지고 집단은 다시 정상화될 수 있을 겁니다. 하지만 이제는 인식이 바뀌었습니다.

위에서 설명한 종류의 학생은 이제 나쁜 학생이 아니라 아픈 학생으로 바뀌었습니다. 악의가 있어서 수업을 방해하는 것이 아니라 그렇게 행동하고 싶지 않았지만 어쩔 수 없다는 사실이 밝혀졌기 때문입니다. 즉, 이들에게는 심리적인 증상이 있는 것이라고 해석됩니다. 이러한 학생들은 요즈음 '주의력결핍-과잉행동장애'라는 병명을 가진 학생이 됩니다. 그래서 이제는 처벌 대신 심리치료를 하는 것이죠.

문제적이고 병리적인 행동들이란 결국 자신이 부여받은 역할을 수행하지 않는 것을 가리킵니다. 이것이 바로 증상이라고 불리는 것이죠. 그런데 이 증상에는 두 가지 의미가 있습니다. 먼저 자아는 증상으로 인해 고통받으며 증상을 제거하길 원합니다. 정상적인 결혼생활을 하고 싶은데 비정상적인 성욕을 갖고 있는 경우, 그것들을 제거해주기를 바라는 것처럼 말이죠. 하지만 이 증상에는 다른 의미도 존재합니다. 주체는 증상을 통해서 자신이 부여받은 자아 이상을 거부하게 됩니다. 공부를 잘하던 학생에게 ADHD가 나타나면 성적이 떨어지게 됩니다. 따라서 공부를 안 하게 되는 것이죠. 아버지가 우울증에 걸린다면 권위적이고 강력한 아버지로서의 역할을 수행할 수 없게 됩니다. 자아의 말이 아니라 더 큰 관점에서 보면, 주체는 증상으로 인해 자아 이상을 포기하게 됩니다. 이런 점에 비춰 생각해본다면 증상은 자신이 부여받은 역할에 대한 반항과 저항의 의미를 함축적으로 담고 있다고 할 수 있습니다.

증상이 갖는 이 두 가지 의미에 따라서 치료의 방향 역시 달라집니다. 만약 임상가가 자아의 말과 의도에 더 많은 의미를 두게 된다면 이것은 자아 위주의 심리치료가 됩니다. 심리치료는 기본적으로 증상을 제거하고 주체로 하여금 사회에 적응시키는 기법을 사용합니다. 즉, 자아 이상을 이룰 수 있도록 도와주는 것이죠. 바로 이때 공감적인 형태의 해석이 매우 중요한 역할을 합니다. 공감적인 해석은 무의식을 다시금 억압하고 자아를 지지하는 기능을 하기 때문입니다.

자아 해석의 기능

✏️ 자아는 자아 이상을 잘 이루지 못합니다. 항상 실수하고 어려움에 부딪히게 됩니다. 앞의 사례처럼 어머니가 딸에게 말실수를 하기도 합니다. 이럴 때 자아는 죄책감을 느끼고 자신이 부적절한 사람이라고 느끼죠. 이럴 때 공감적인 해석을 하게 된다면 자아를 지지하는 효과를 낳게 됩니다. 그녀가 그런 실수를 했다 할지라도 이상적인 어머니가 되고 싶은 욕망이 누구보다 간절하다는 사실을 알아주는 것이기 때문입니다. 즉, 노력하고 있다는 사실을 알아주는 겁니다. 자아 이상을 이루는 일이 힘에 부치지만 누군가가 자신의 진정한 마음을 알아준다면 이것만으로도 힘이 됩니다. 바로 이 상황에서 자아는 힘을 얻고 다시 한 번 자아-이상을 이루기 위한 힘을 내게 됩니다. 따라서 공감적인 해석은 무의식을 겨냥하는 해석이 아니라 자아를 지지하고 자아-이상을 이룰 수 있도록 돕는 것이죠.

바로 이를 위해서 자아를 겨냥하는 해석은 말실수라는 무의식의 형성물이 보여준 진실의 파편들을 하나의 해프닝으로 치부하고 자아에 더 많은 힘을 실어줍니다. 증상이 존재한다는 것은 자아가 충동의 방출을 억압할 힘을 잃어버렸다는 것을 의미합니다. 따라서 자아가 강해진다면 충동을 다시 억압할 수 있을 것이라는 생각이 가능하죠. 지지적인 방식으로 자아에게 힘을 북돋아준다면, 자아는 다시 무의식을 억압할 수 있게 됩니다.

공감적인 해석은 무의식을 겨냥하는 해석이 아닙니다. 엄밀한 의미에서 정신분석인 해석이라고 할 수 없습니다. 정신분석은 무의식을 의식화하는 데 초점을 맞추기 때문입니다. 그럼에도 현대의 많은 정신분석가들은 공감적 해석을 중요하다고 말합니다. 그 이유는 무엇일까요? 바로 프로이트가 기획했던 정신분석의 치료목표와 현대의 정신분석이 지향하는 정신분석의 목표가 달라졌기 때문입니다. 프로이트의 치료목표는 무의식의 의식화였습니다. 그가 무의식을 의식화하려고 했던 것은, 타자의 억압에 의해 억눌려있던 무의식에 제힘을 되돌려주려는 의도때문이었지요. 그러니까 프로이트는 주체가 자신의 욕망에 따라, 자신의 스타일에 따라 세상을 살 수 있도록 돕는 것을 목표로 했습니다. 하지만 현대 분석가들의 치료는 목표가 달라졌습니다. 이들은 주체의 주체성을 보존하는 치료가 아니라 주체를 사회에 잘 적응시키는 것을 목표로 하게 된 것입니다.

이것은 분명 가치 있어 보입니다. 학생이 공부를 열심히 하고 노동자가 일을 열심히 하고 부모와 자식이 맡은 바 역할을 열심히 한다면 좋아 보일 수 있습니다. 하지만 그 역할을 수행하는 과정에서 주체가 고통받고 있다면 얘기가 달라집니다. 학교에 가서 자리에 앉아 공부하는 일이 참을 수 없을 정도로 고통스럽고, 자식을 낳아서 부모가 되었지만 자식이 사랑스럽기는커녕 무거운 짐처럼 느껴질 수도 있습니다. 그 역할을 수행하는 과정에서 주체가 고통받고 있고 자신의 삶을 잃어가고 있습니다. 이렇게 삶을 잃어가는 위기 속에서 주체는 증상으로서 자신의 고통을 표현하고 있는 것이죠.

이런 상황에서 자아를 지지하면서 자아에게 힘을 내라고 말하는 건 오히려 주체를 더욱 궁지로 몰아넣는 일이 됩니다. 증상이 발생할 정도의 상황에 처했다는 것은 주체가 더는 견딜 수 없을 만큼 참았다는 이야기입니다. 자아의 한계점을 넘어서 주체의 욕망들이 터져 나오기 시작한 것이죠. 이렇게 되면 주체는 이전 상태로 돌아갈 수 없습니다. 주체는 역할을 수행하는 삶에 환멸을 느끼게 되고 사회적 활동에 참여하는 것을 거부합니다. 주체는 신경증에 걸리는 방식으로 파업하는 것이죠. 바로 이 때문에 치료는 억눌려있는 주체에게 말을 거는 방식으로 이루어져야 합니다. 개인의 삶을 옹호하는 형태가 아니라면 신경증의 치료는 반드시 실패하게 됩니다.

〝 정상성의 비정상성

📝 그럼에도 불구하고 분석가들이 이들을 상대로 자아 위주의 치료를 하는 까닭은 무엇일까요? 인문학적 감수성이 조금만 있다 하더라도 '~다움'이라는 말, 그러니까 자아 이상은 만고불변의 진리가 아니라는 사실을 알고 있습니다. 남자다움이나 여자다움에 대한 관념은 항상 변해왔고 또 국가마다 다르죠. 그러니까 그것은 변하는 가치이지 절대적인 게 아니라는 것을 의미합니다. 절대적인 게 아니기 때문에 반드시 자아-이상을 성취해야 할 의무도 없습니다.

하지만 사람들이 자아를 강화하는 치료를 옹호하는 까닭은 사람들이 살고 있는 환경이 결국 특수하기 때문입니다. 자아 이상은 동서고금의 절대적인 가치는 아닙니다. 하지만 주체가 살고 있는 환경 속에서는 절대적인 가치로서 작동합니다. 이를테면 한국에는 한국 사람에게 통용되는 자아 이상이 있습니다. 그런데 개개인이 한국에서 떠나서 살 수 있는 것은 아니기 때문에 결국에는 그 자아 이상을 이루는 것, 혹은 이루려고 노력하는 게 도움이 된다고 말합니다. 왜냐하면, 자아 이상을 포기하면 집단으로부터 배제되고, 결과적으로는 '사회적인 죽음'이라는 결과가 나타날 수도 있기 때문입니다. 이를테면 자식이 부모님의 말을 듣지 않아 결과적으로 그들과 관계를 끊게 되는 것처럼 말이죠. 자아를 치료하는 분석가들은 이러한 상황을 방지하기 위해서 주체를 사회에 적응시키려고 합니다.

자아-이상은 해당 문화권에서 정상적이고 이상적인 것, 좋은 것으로 간주됩니다. 반대로 그 모습에 어울리지 못하는 것들은 비정상적인 것으로 간주되는 건 사실입니다. 그러니 이상적인 모습으로 살아가도록 주체를 돕는 것은 좋아 보입니다. 그럼에도 자아 이상을 추구하도록 만드는 치료에는 큰 문제가 있습니다. 바로 자아 이상을 추구하는 것 자체가 심적 고통을 만들기 때문입니다.

현재의 나 자신은 필연적으로 자아 이상에 미치지 못합니다. 이것은 필연적인 일입니다. 그러니까 이상을 이루기 위해 노력하는 것이죠. 언제나 주체의 실제 모습과 자아 이상 사이에는 차이가 존재할 수밖에 없습니다. 바로 여기서 죄책감이 발생합니다. 주체는 자신이 자아 이상에 미치지 못할 때 나르시시즘적인 상처를 받습니다. 만약 여기서 주체가 자아 이상을 부과한 사회가 옳다는 입장에 있다면 그는 자기 자신을 비정상으로 취급합니다. 스스로 잘못된 사람이라고 생각하고 죄책감에 시달리는 것이죠.

이것을 잘 보여주는 영화가 있습니다. 『위대한 쇼맨』이라는 영화에는 남들과는 다른 외모를 가진 사람들이 나옵니다. 여성인데 수염이 있다거나 키나 다른 사람들에 비해서 너무나 크다거나 하는 식이죠. 이 사람들은 자신의 모습을 감추고 방 속으로 들어갑니다. 다른 사람들에게 자신을 내보이지 않을뿐더러, 자기 자신 역시 자신의 모습을 사랑하지 못하는 것이죠. 누구에게도 인정받고 사랑받을 수 없다고 느낍니다. 그 이유는 바로 이들이 인간적인 모습, 인간이라면 마땅히 보여야 할 고정관념으로서의 자아 이상에 자신의 실제 모습이 부합하지 않는다는 걸 알고 있기 때문입니다. 그저 사람이 다를 뿐인데 그 다름이 잘못이 되어버리는 것이죠.

이것이 자아 이상을 추구하는 데서 오는 문제입니다. 자아 이상은 모든 인간을 획일화하고 그것을 근거 삼아 정상과 비정상을 나눕니다. 사실 모든 인간은 다릅니다. 서로 좋아하는 것이 다르고 살아가는 방식이 다릅니다. 만족을 얻는 방식도 다르죠. 이것은 틀림없는 진실입니다. 하지만 모두

가 다르다는 틀림없는 사실은 자아 이상을 추구하는 과정에서 사라지게 됩니다. 자아 이상을 추구하는 사회는 그중 단 하나의 모습만을 정상이라고 말하며 자아 이상, 우리가 마땅히 동일시해야 할 모습으로 제시합니다. 기존의 인간관, 남자와 여자에 대한 모습을 단 하나의 정상적인 것으로 간주하고 주체로 하여금 그 모습에 갖추도록 합니다. 반대로 주체가 가진 특별한 모습들은 비정상적인 것, 혹은 괴물 같은 것이라고 인식합니다. 그리고 그런 모습들을 없애라고 말합니다. 원래 사람은 다 다른 것이 사실이지만 다른 사람은 틀린 사람이 되어버립니다.

자신이 철저하게 정상성을 추구하고 있다고 믿는 사람은 자신과는 다른 사람들을 괴물 취급하게 됩니다. 당연한 일입니다. 자기 자신이 정상성의 기준이 되었으니 자신과 다른 사람들은 비정상이 되는 겁니다. 바로 이 때문에 주체는 타자를 혐오하게 되죠. 자신이 이해할 수 없는 타자와 대면했을 때 그들을 미쳤다거나 벌레라고 말하며 비인간적인 어떤 것으로 간주합니다. 지금 한국 사회에서는 굉장한 혐오가 만연해 있습니다. 타자를 혐오하는 사람은 언제나 자신은 정상이라고 주장합니다. 이것은 바로 우리 사회가 그만큼 강력하게 정상성을 추구하고 있다는 것을 보여줍니다. 그리고 이것 때문에 비정상인들이 발생하고, 그 비정상인들에 대한 억압이 가해집니다. 이것이 바로 자아 이상이 갖는 비정상성, 정상성의 추구가 내포하고 있는 비정상성입니다.

자아 이상과 충동의 전복

✒ 신경증적 주체가 고통받는 이유는 자아 이상이 존재하기 때문입니다. 증상은 자아 이상이 존재하기 때문에 발생합니다. 정상이라는 기준이 존재하기 때문에 비정상적인 증상이 만들어진다는 것이죠. 자아-이상을 이루기 위해서는 자신의 만족을 포기해야 합니다. 좋은 학생이 되기 위해서는 놀고 싶은 욕망을 참아야 하죠. 그런데 문제는 이렇게 주체가 자신의 충동을 억압하게 되면서 충동은 더욱 활발하게 활동합니다. 자아는 처음에는 충동을 잘 억눌러서 통제합니다. 그런데 억눌린 충동은 계속해서 힘이 강해지고 점차 자아가 통제할 수 없을 만큼 강해지게 됩니다. 이렇게 되면 자아는 순간 상실되고 충동이 활동합니다. 바로 이때 증상적 행위가 나타납니다

거식증을 예로 살펴보겠습니다. 거식증자, 특히 신경증적인 거식증자는 대체로 사회가 추구하는 여성적인 모습을 꾸미기 위해 음식을 거부합니다. 이상적인 여성성이 자아 이상이 되는 것이죠. 이들은 외모와 몸매를 가꾸기 위해 음식을 먹지 않습니다. 음식에 대한 욕망을 스스로 절제하고 만족을 차단하는 것이죠.

그런데 거식증은 한순간 폭식증으로 변한다는 특징이 있습니다. 계속해서 음식을 먹지 않던 주체가 어느 순간 자신의 통제력을 잃어버리고 엄청난 양의 음식을 먹습니다. 단순히 배가 고파서 먹는 게 아닙니다. 배가 고파서 먹었다면 배가 부르면 그만 먹어야 합니다. 그런데 계속 먹는 이유는 무엇일까요? 그간 계속해서 참아왔기 때문입니다. 먹고 싶은 충동을 계속

해서 참았습니다. 그러니 그만큼 누적되어있다가 어느 한순간에 먹게 됩니다. 그간 먹지 못했던 것들을 한번에 먹게 됩니다. 폭식할 때 주체는 한참 정신을 잃은 상태에서 먹게 됩니다. 충동이 전면에 등장한 겁니다. 그리고 마구 먹다 보면 어느 순간 정신이 돌아옵니다. 충동의 욕구가 어느 정도 해소되고 자아가 다시 제자리를 잡는 것이죠.

이때 주체는 갑자기 죄책감과 혐오감에 휩싸입니다. 자신이 수치스럽고 통제하지 못했다는 사실에 대해서 죄책감을 느끼는 것이죠. 살이 찔 것 같다는 두려움이 생길 수도 있습니다. 바로 이 때문에 폭식을 한 주체는 구토를 합니다. 먹었던 일을 무로 되돌리기 위해 전부 다 토해버리는 것이죠.

신경증이 있다는 것은 이런 의미입니다. 신경증은 충동을 제대로 억압하지 못하기 때문에 발생하는 병이 아닙니다. 오히려 충동을 '억압하기 때문'에 발생하는 병입니다. 만약 주체가 적절히 자신에게 만족을 허용했다면, 다시 말해서 거식하는 행위를 하지 않았다면 폭식을 하게 되는 일도, 구토를 하게 되는 일도 벌어지지 않습니다. 하지만 주체는 자신에게 최소한의 만족도 허용하지 않고 굉장히 금욕했던 것이죠. 이렇게 만족을 얻지 못했던 충동은 계속해서 힘을 키워나가고 자아가 충동을 통제할 수 없을 정도로 힘이 강해지는 순간 바로 증상적인 행위들이 나타납니다. 그러니까 증상은 그간 얻지 못했던 충동의 만족을 얻기 위해서 나타나는 것이죠.

바로 문제가 이렇기 때문에 자아의 힘을 강하게 하는 지지적인 형태의 치료는 신경증자에게 별 도움이 되지 않습니다. 왜냐하면, 자아가 약해서 충동을 통제하지 못하는 게 아니기 때문입니다. 반대로 신경증에서는 자아가 너무나 강하기 때문에 충동을 추구하지 못합니다. 신경증자는 과도할 정도로 자아 이상을 추구합니다. 자아 이상을 추구하려는 경향이 강해질수록 증상은 더욱 강력해질 수밖에 없습니다. 이런 상황에서 자아를 더욱 강화한다면 어떻게 될까요? 더욱더 충동에 만족을 주지 않게 될 겁니다. 이럴수록 충동의 요구는 더욱 강력해지게 되고 결국에 신경증은 더욱 심해지게 됩니다. 이것이 자아 위주의 심리치료가 실패할 수밖에 없는 또 다른 이유입니다.

억압의 해소

✒ 바로 이 때문에 신경증의 치료는 자아 이상을 넘어서야 합니다. 즉, 정상과 비정상의 구분을 넘어서야 한다는 것이죠. 신경증자가 자아 이상의 영향력으로부터 벗어날 수 있도록 돕는 것이 신경증 치료의 근본 원리입니다. 신경증자가 충동에 만족을 주지 못하는 이유는 자아 이상을 추구하고 있기 때문입니다. 그리고 자신의 주체성이 비정상적으로 보이는 까닭은 바로 자아 이상만을 옳은 것이라고 믿고 있기 때문입니다. 이때 만약 주체가 자아 이상을 포기하게 된다면 주체는 충동을 비정상적인 것으로 느끼지 않게 되고, 따라서 충동에게 만족을 줄 수 있게 됩니다. 따라서 충동을 자아의 통제를 넘어설 정도로 강해질 일을 미연에 방지할 수 있습니다.

신경증 환자는 분석가를 만나서도 자아 이상을 추구하려고 합니다. 분석가라는 타자로부터 인정받을 만한 모습을 보여주려고 합니다. 바로 좋은 환자라는 역할입니다. 환자는 치료의 규칙을 착실히 따르면서 좋은 환자가 되려 합니다. 정신분석에서 주어지는 규칙은 분석가가 제시하는 규칙들, 즉 자유 연상입니다.

하지만 분석이 환자의 의도대로 진행되지는 않습니다. 환자는 자유 연상의 규칙을 잘 따르고자 하지만 이것이 쉽지는 않습니다. 신경증자는 침묵하거나 자신의 이야기를 하는 대신 전혀 상관없는 이야기들을 하게 됩니다. 신경증자는 자신의 의도와는 달리 분석의 진행을 계속해서 방해하는 것들이 나타납니다. 즉, 저항이 나타나는 것이죠. 일반적인 치료라면 주체가 치료에 대해 저항할 때 그를 나쁜 환자라고 규정합니다. 치료되고 싶은 마음이 없다고 말하는 것이죠.

하지만 저항은 단순히 치료를 방해하는 무엇이 아닙니다. 저항은 신경증자의 증상이며, 정신분석 치료의 대상 그 자체입니다. 좀 더 나아가 주체는 저항으로써 자기 자신을 드러냅니다. 주체가 자아 이상에 거부하면서 증상이 발생하듯, 주체의 무의식은 분석의 규칙들에 저항하면서 자신을 드러냅니다. 자신에게 부과된 역할들을 거부하려고 하는 것이죠. 저항은 무의식의 현현 그 자체입니다. 그렇기 때문에 저항을 드러내는 것은 치료의 일환이며 오히려 더욱 마음 놓고 보여줄 수 있어야 합니다.

물론 이 과정이 쉬운 것은 아닙니다. 주체는 분석에 대해서 저항하면서 불안해하기도 하고 죄책감에 시달립니다. 그 이유는 바로 분석의 규칙들, 분석상황에서 정상이라고 간주되는 그것들을 주체가 위반하고 있기 때문입니다. 마찬가지로 분석가 역시 분석이 제대로 진행되고 있는지 의심하며 자신의 분석적 행위에 죄책감을 느끼게 되는 경우도 있습니다.

그렇다면 분석가는 저항을 어떻게 대해야 할까요? 분석가는 저항을 존중해야 합니다. 저항은 단순히 제거되어야 하는 무엇이 아닙니다. 저항은 분석치료를 방해하는 장애물인 동시에 무의식적 진실을 드러내는 중요한 도구입니다. 저항을 부정적인 것으로 보게 되면 환자의 주체성 자체를 무시하는 결과를 낳게 됩니다. 결국, 주체는 그것들을 허심탄회하게 드러내지 못하고 감추게 되며, 다시 억압이 일어나게 됩니다. 분석의 규칙들을 적용하는 것보다 중요한 것은 환자의 주체성을 존중하는 것이죠. 좀 더 정확히 말하자면, 환자의 주체성을 존중하는 것이 가장 강력하게 요구되는 분석의 규칙입니다.

사실 이렇게 자신을 드러내는 일 자체가 매우 중요한 치료적 도구입니다. 주체는 자신의 진실을 저항 행위를 통해 드러냄으로써 자신이 스스로에게 금지했던 그것들을 정신분석가와의 관계 속에서는 드러낼 수 있다는 사실을 알게 됩니다. 실제적인 경험 속에서 말이죠. 이것이 중요합니다. 정신분석은 단순히 남들 앞에서 말하기 어려운 것들을 허심탄회하게 털어놓는 작업이 아닙니다. 정신분석은 분석가와의 실제 관계 속에서 금지된 것들을 드러내는 경험입니다. 즉, 분석가로부터 사랑받지 못할 것 같은 모습, 자아 이상을 어긋나는 모습들을 드러내는 경험입니다.

주체는 실제 행위의 차원에서 그것들을 드러내고 정신분석가는 그것들을 수용하죠. 주체가 타자에 의해서 진정으로 수용되고 있다는 경험을 할 때 비로소 억압의 해소가 일어나면서 치료적인 효과가 발생합니다.

〝 정상과 비정상, 그리고 주체

✎ 분석을 진행하다 보면 환자가 분석가를 너무나 소중한 존재로 여기는 순간이 옵니다. 환자는 처음에 분석가를 두려운 존재로 여깁니다. 분석가가 모든 걸 말해도 좋다고 말하지만, 그 말을 신뢰하지 못합니다. 하지만 분석을 계속해서 진행하다 보면 환자는 분석가를 자신의 모든 것을 털어놓을 수 있는 존재라고 느끼게 되죠. 그 이유는 여태까지 위반 행위들을 계속해서 보여주었지만 분석가가 그것들을 수용해주었기 때문입니다. 바로 이때 분석가를 향한 진실한 사랑이 나타나고 주체는 분석가와의 관계를 매우 충만한 것으로 경험합니다. 분석가라는 존재가 세상에 존재한다는 것만으로도 감사함을 느끼게 되죠. 이는 환자가 가지고 있는 '내적인 억압'이 사라졌기 때문에 나타나는 결과입니다. 이 사랑은 자신의 억압된 모습들을 있는 그대로 수용해준 분석가를 향한 사랑입니다.

이런 과정이 오면 분석은 서서히 마무리 단계로 접어들어 갑니다. 사실 분석가가 분석을 종결하지 않아도 주체 스스로 분석을 마무리합니다. 주체는 억압이 사라지게 되면 더 이상 분석가를 필요로 하지 않게 됩니다. 그 이유는 역설적이게도 주체가 분석가를 사랑한다는 사실에 있습니다. 주체는 분석가를 사랑하지만 그와 영원히 함께할 수는 없다는 사실을 알고 있습니다. 그렇기 때문에 주체는 분석가를 떠나서 다른 대상을 찾으려고 합니다. 실제로 사랑할 수 있는 대상을 찾으려고 하는 것이죠. 이것이 가능한 이유는 바로 주체가 자신의 진실이 무엇인지 알았기 때문입니다. 분석가가 아니라 하더라도 다른 사람들에게 진실을 보여줄 수 있게 되었으니 굳이 사랑이 결실을 볼 수 없는 분석가에게 얽매여 있을 필요가 없는 것이죠.

이렇게 주체의 억압이 해소되면 어떻게 될까요? 주체는 더 이상 어떠한 억압도 없이 만족을 추구하면서 살 수 있을까요? 주체가 언제나 자신의 욕망에 따라, 자신이 하고 싶은 말들을 하면서 살아갈 수 있을까요? 즉, 분석 이후의 주체는 완전한 만족을 실현할까요?

물론 이것은 불가능합니다. 왜냐하면, 인간은 분석 이후에도 사회적 관계망 속에서 살아야 하기 때문입니다. 신경증자는 계속해서 문명의 영향을 받고 타자로부터 역할을 부여받습니다. 그렇기 때문에 무조건 자신이 원하는 대로는 살지 못하는 것이죠. 주체는 자신의 스타일과 만족을 어느 정도는 포기해야 하고, 따라서 증상은 나타날 수밖에 없습니다.

그러나 정신분석 이전과 이후, 그러니까 자아 이상을 포기하기 이전과 이후는 같을 수 없습니다. 왜냐하면, 내적인 억압이 해소되었기 때문입니다. 내적인 억압이 해소되면 상황이 달라집니다. 억압이 있다면 자아는 무조건적으로 자아 이상에 자신을 맞추려고 합니다. 하지만 억압이 해소된다면 자아 이상에 자신을 맞추는 게 능사가 아니라는 사실을 알게 됩니다. 이를테면 직장에서 직원으로 일한다고 해서 집에 가서까지 직원으로서 사는 게 아니라는 것이죠. 말하자면 지금 여기에서는 주체 자신을 드러낼 수 없지만 다른 상황에서는 드러낼 수 있다는 것을 알게 되는 것이죠. 따라서 주체는 적절한 만족을 추구할 수 있게 됩니다. 이렇게 된다면 자신을 감추고 억누르는 데서 오는 고통으로서의 신경증적 고통은 견딜 만한 일상적인 고통이 됩니다.

정신분석 치료의 목표는 주체가 자신의 삶을 살 수 있도록 돕는 것이 되어야 합니다. 그렇기 때문에 정신분석은 우리 안에 있는 그 비정상적인 모습, 무의식을 겨냥하는 것이죠. 이를 통해 의도하는 것은 무의식이 비정상적이거나 잘못된 게 아니라는 사실을 아는 겁니다. 세상에 사는 사람들은 모두 다르고 다르다는 사실이 잘못된 게 아니라는 것을 주체는 경험을 통해 깨달아야 합니다. 정상과 비정상이라는 기준을 떠나서 자신을 바라볼 수 있게 만드는 것, 지금까지 잘못된 것이라고 생각해서 항상 감춰왔던 나의 모습을 있는 그대로 받아들이는 것, 이것이 바로 정신분석의 목표입니다.

4

거세의 암초를 넘어서

❝ 프로이트의 한계

✏️ 프로이트의 정신분석 임상에서 해석은 분석적 효과를 일으키는 중요한 도구입니다. 꿈이나 증상 같은 무의식의 형성물들은 무의식적인 의미를 담고 있습니다. 이때 분석가는 해석을 통해 무의식적 의미를 밝혀내고 그것을 환자에게 전달하는 역할을 맡습니다. 그리고 환자가 분석가의 해석을 적극적으로 수용하면 증상은 사라집니다. 그렇기 때문에 프로이트는 무의식을 의식화하면 증상이 사라진다는 이론을 제시했던 것이죠. 프로이트는 이 사실을 너무나 명백히 했고 지금까지도 많은 분석가가 이에 동의하고 있습니다.

프로이트는 물론이고 과거의 많은 정신분석가들은 분석가가 적절하게 해석하는 것만이 치료의 도구라고 생각했습니다. 프로이트는 환자에게 계속해서 무의식을 설명해주려고 했습니다. 그리고 초반에는 엄청난 성공을 이뤘습니다. 환자들이 고통에서 벗어나고 변화가 일어난 것이죠. 그러니까 초창기의 정신분석에서 분석가는 말 그대로 분석가였습니다. 분석가는 환자의 무의식을 능동적으로 분석하는 사람이었습니다. 환자는 '피분석자(analysé)', 즉 분석가로부터 분석당하는 사람이었습니다.

그런데 어느 순간부터 이러한 정신분석이 제대로 작동하지 않기 시작합니다. 아무리 해석을 해도 어떤 증상들은 절대로 사라지지 않더라는 것이죠. 프로이트는 이 현상을 '거세의 암초(roc de la castration)'라고 이름 붙였습니다. 거세의 암초는 쉽게 말해서 환자가 분석가의 해석에 더 이상 영향을 받지 않는 상태를 말합니다. 환자가 증상적인 행동을 내보이기는 하는 데 해석을 통해서 해소할 수 없다는 겁니다. 좀 더 정확히 말해서 분석가의 해석에 대해서 남자 환자와 여자 환자가 각각 특정한 반응들을 보이는데, 이것들은 분석을 통해서 극복할 수 없었던 것이죠.

먼저 분석가가 해석을 할 때, 남자 환자는 분석가의 해석을 거부합니다. 프로이트의 말에 따르면 그 이유는 해석을 받아들이는 것이 분석가에게 굴복하는 것을 의미하기 때문입니다. 분석가는 더 많이 알고 있는 자이고 그로부터 해석을 일방적으로 수용하는 것은 마치 굽히고 들어가는 듯한 느낌을 줍니다. 그렇기 때문에 남자 환자는 해석을 거부한다는 것이죠. 해석을 수용하는 것은 분석가에 대해서 수동적인 태도를 취한다는 것을 의미하는데, 이는 성적 관계에서 남성적 태도를 취하지 못한다는 것과 같습니다. 즉, 해석의 일방적인 수용은 거세를 뜻하게 되고, 남성 주체는 거세에 대하여 자신의 남성성을 지키기 위해 방어하는 것이라고 프로이트는 말합니다.

이와는 달리 여성 환자는 분석적 치료 자체에 대한 회의를 보이며 우울해합니다. 아무리 치료를 오랫동안 지속한다고 해도 나아지지 않는다는 겁니다. 이때 프로이트는 여성 환자가 원하는 것은 그녀에게 없는 것이었다고 말합니다. 여성 환자가 분석을 시작한 이유는 뭔갈 원하기 때문이죠. 여성 환자는 분석가로부터 해석을 요구합니다. 분석가의 해석을 통해서 치료될 것이라 예측합니다. 그렇기 때문에 분석을 시작하죠. 하지만 거세의 암초에 도달하게 되면 분석가가 아무리 많은 해석을 해도 환자는 만족하지 못합니다. 그 어떤 해석도 여성 환자를 충족시킬 수 없는 것이죠. 프로이트는 여성 환자의 욕망이 끝이 없는 이유를 애초에 여성이 바랐던 것이 여성이 절대로 가질 수 없는 것이었기 때문이라고 해석합니다. 여자이기 때문에 가질 수 없었던 것, 바로 남근입니다. 즉, 여성 환자는 남근선망 때문에 우울해한다고 프로이트는 주장합니다.

　남성에게는 거세에 대항하는 남성항거가, 여성에게는 남근선망이 분석의 진행에 문제를 일으킵니다. 이 때문에 프로이트는 해석을 받아들이는 게 반드시 굴복하는 게 아니라고 남자 환자를 설득하려고 했고, 여성 환자의 남근선망적 태도를 포기하도록 만들려고 했습니다. 하지만 더 이상 환자를 설득하는 것은 불가능했다고 말합니다. 환자가 분석가의 해석을 받아들이지 않았던 것이죠. 다만 그저 모든 면에서 변화가 일어날 수 있도록 최선의 노력을 다했다고 위안 삼을 수 있을 뿐이라고 말합니다. 거세를 거부하는 이 태도 앞에서 분석은 멈추었고, 그래서 이것을 '암초'라고 불렀습니다. 그러니까 프로이트는 거세의 암초 앞에서 멈췄고 극복하려는 시도를 포기했습니다. 거세의 암초는 프로이트 정신분석의 한계점이 되었던 겁니다.

　프로이트의 작업은 여기서 멈추게 됩니다. 그는 그것을 극복하기 위해 방법을 찾지만 결국에는 찾지 못하게 됩니다. 그런데 과연 거세의 암초는 정말 정신분석의 한계일까요? 이것을 극복할 수는 없는 것일까요? 거세의 암초를 극복하기 위해서는 거세의 암초가 어떤 현상인지 분석해볼 필요가 있습니다.

❝ 지식과 해석

📍 신경증자는 정신분석을 시작하면서 알지 못한다는 입장을 취합니다. 신경증자가 알지 못하는 것은 바로 자신의 무의식이죠. 자아는 무의식을 통제하지 못합니다. 자아의 의지와 의도와는 상관없이 자아는 무의식을 경험하고 자신의 안에 이질적인 것이 존재한다고 느낍니다. 게다가 무의식이 등장할 때 자아는 일시적으로 소실됩니다. 바로 이 때문에 자아는 무의식을 두려워합니다. 자아가 무의식을 두려워하는 까닭은 근본적으로 자신 안에 있는 무의식에 대해서 알지 못하기 때문입니다.

처음 자신의 무의식과 대면한 주체는 무의식을 해석하기 위해 노력합니다. 스스로 답을 찾으려고도 하고 책을 보거나 관련 강의를 듣기도 합니다. 하지만 주체는 그 답들이 부적절하다고 느낍니다. 주체가 납득할 수 있는 방식으로 해명된 게 아니기 때문입니다. 바로 이때 주체는 다른 누군가의 도움이 필요하다고 느끼게 되죠. 신경증자는 자신의 무의식에 대해서 알지 못한다는 사실을 인정합니다. 자신의 한계를 인정하는 것이고, 자신보다 더 많이 아는 타자를 찾습니다. 인간 정신에 대한 지식을 가졌다고 간주되는 타자를 찾아 나서는 것이죠. 정신분석가는 그 타자 중에 한 명이 되는 것이고요.

신경증자는 이 타자가 답을 주기를 기대합니다. 이 답은 단순한 지식이 아니라 주체의 고통을 끝내줄 수 있는 지식입니다. 신경증자는 증상을 호소하면서 자신이 왜 이런 고통을 겪어야만 하는지 타자에게 질문을 던집니다. 이에 대해서 여러 전문가들은 자신이 믿는 이론에 입각해서 답변합니다. 예를 들어 정신과의사는 증상을 뇌의 문제로 설명합니다. 인지행동치료사는 증상을 역기능적인 사고 때문에 발생한다고 말합니다. 또 어떤 치료사들은 불행했던 모아 관계 때문에 발생한다고 말합니다. 각각 대답의 내용은 다르지만 한 가지 공통점이 있습니다. 바로 모든 종류의 정신건강전문가는 신경증자의 질문에 대답합니다. 왜냐하면, 신경증자가 답을 원하기 때문입니다.

　이는 정신분석가였던 프로이트도 마찬가지였습니다. 환자들은 자신의 무의식을 설명해주기를 요구했고 프로이트는 그에 부응했습니다. 바로 해석이라는 방식으로 말이죠. 프로이트에게 있어 정신분석의 해석은 인간을 설명하는 지식입니다. 이 해석의 기능에 주목해야 합니다. 내용은 다르다 하더라도 인간의 행동을 설명할 수 있는 지식들은 모두 해석이 될 수 있습니다. 증상을 뇌기능 문제가 유년기 기억의 문제 등으로 설명하는 것 모두 하나의 해석으로 작동합니다. 현재 인간을 설명하는 다양한 이론들이 존재하고 수많은 전문가들은 그 이론에 입각해서 주체를 해석하고 있습니다. 심지어 정신분석학계 내부에서도 분석가가 추구하는 이론에 따라서 해석의 내용이 달라지기도 합니다. 그만큼 해석적인 지식은 다양한 것이죠.

❝ 남근적 지식

✒ 그런데 주체가 자신이 알지 못하는 지식들을 요구하고 그 지식들을 넘겨받을 때 무슨 일이 벌어질까요? 바로 믿음이 발생합니다. 주체는 자신이 알지 못하는 것에 대해서 타자가 이야기할 때 그것을 믿습니다. 내가 잘 알지 못하는 것이고, 알만한 타자가 이야기를 하니까 믿어버리는 것이죠. 아니라고 부정할 수도 없습니다. 알지 못하니까 부정할 수도 없는 겁니다. 의사를 만나서 병에 대해서 설명을 들을 때 우리는 이것을 신뢰해야만 하는 입장에 있습니다. 의사의 이론적 지식을 하나도 이해하지 못한다 하더라도 말이죠. 그래야만 치료가 가능하기 때문입니다.

정신분석에서도 마찬가지의 일이 벌어집니다. 환자가 무의식에 대해서 질문을 던질 때 분석가가 그것에 적극적으로 해석을 하게 되면 어떤 일이 벌어질까요? 주체는 분석가의 해석을 받아들이게 됩니다. 이는 긍정한다거나 부정한다는 게 아니라 그저 받아들이고 믿게 된다는 겁니다. 왜냐하면, 주체가 요구하는 지식은 주체가 알지 못하는 지식이기 때문입니다.

프로이트의 정신분석 임상은 이러한 지식들을 주체에게 주는 것을 목표로 했습니다. 프로이트는 주체가 그것에 대해서 긍정이나 부정의 대답을 하지 못하는 지식들을 넘겨주려고 했습니다. 그는 이렇게 설명합니다. "애초에 해석의 대상은 무의식적인 것이기 때문에 주체의 정신에는 존재할 수 없다"고 말합니다. 그러니까 주체는 분석가가 제시하는 지식들이 자신의 정신에 존재하는지 알 수 없다고 말합니다. 따라서 주체는 긍정이나 부정도 할 수 없는 것이죠. 대신 이렇게 말합니다. "이러한 지식들은 정신병자의 망상과도 같은 가치를 가진다"고 말이죠. 바로 믿음이 발생한다는 겁니다. 그러니까 프로이트는 주체가 가지지 못한 지식들을 주려고 했고 주체가 믿을 수 있는 지식들을 주려고 했던 것이죠.

이를 통해서 볼 수 있는 사실은 프로이트가 주체와는 질적으로 다른 타자의 역할을 맡았다는 것입니다. 왜냐하면, 분석가는 원칙적으로 주체가 가질 수 없는 지식들을 가지고 있기 때문입니다. 이 말은 주체가 분석가를 통해서 지식을 습득하지 못한다는 게 아닙니다. 분석가가 해석을 한다면 분명 주체는 무의식에 대해서 배웁니다. 하지만 주체가 모르는 것들이 또 있기 마련입니다. 그렇다면 분석가는 또 해석을 합니다. 분석가는 주체보다 항상 조금 더 아는 입장인 것이죠. 관계가 비대칭적으로 기웁니다. 프로이트적 임상에서 분석가가 가진 지식은 주체의 한계를 나타냅니다.

이렇게 해석하는 타자와 만날 때 주체의 증상은 일시적으로 해소됩니다. 이는 본질적으로 신경증자가 믿고 따를 수 있는 타자를 요구하고 있기 때문입니다. 즉, 아버지와 같은 타자를 요청하고 있는 것이죠. 주체는 이 부성적인 타자를 사랑하고 신뢰하면서 그로부터 보호받고 있다는 느낌을 갖게 됩니다. 바로 이 때문에 증상이 사라지는 것이죠.

하지만 이런 상황에서 주체는 양가적인 상태에 처합니다. 분석가가 주는 지식들을 수동적으로 받아들일 수밖에 없는 입장이기 때문입니다. 그래서 주체는 분석가를 사랑하지만 동시에 증오하게 됩니다.

바로 이때 거세의 암초가 나타납니다. 거세의 암초는 바로 이 상황에 대해서 주체가 저항하고 있는 것을 뜻합니다. 분석가에게만 존재하는 무의식에 관한 지식이 바로 남근입니다. 여기서 말하는 남근은 남성의 페니스를 말하는 것이 아닙니다. 주체가 갖지 못하는 그것, 분석가에게만 존재하는 그 무엇을 말하는 겁니다. 이런 관점에서 보면 거세의 암초는 분석가가 가진 남근적인 지식에 대한 태도라는 사실을 알 수 있습니다. 남성 환자와 여성 환자 모두 분석가의 지식을 거부합니다. 남성 환자는 자신이 수동적으로 받아들이기만 하는 것을 거부하고, 여성 환자는 정신분석이 쓸모없다고 말하면서 해석을 거부하는 것이죠.

그런데 이렇게 주체가 분석가의 지식을 거부한다면 치료가 이루어질 리 없습니다. 프로이트의 정신분석은 무의식에 대한 지식들을 배우는 것이 핵심이었기 때문입니다. 이를 위해서 주체는 분석가를 신뢰해야 합니다. 반대로 분석가의 지식을 신뢰하지 않는다면 주체가 분석을 계속할 이유도 없으며 치료적인 효과도 일어나지 않습니다. 그렇기 때문에 프로이트는 거세의 암초에서 정신분석이 한계에 부딪혔다고 말하는 것입니다.

저항과 언어

📝 그런데 주체는 왜 분석가의 지식을 거부하는 것일까요? 프로이트는 단순히 이것을 분석가에 대한 반항 정도로 해석했습니다. 프로이트는 환자들이 무의식에 대해서 절대로 알 수 없다고 생각했습니다. 환자는 아무것도 알지 못하는 상태인데 분석가의 지식을 거부하니, 프로이트는 이것을 욕망의 문제로 이해해버립니다. 즉, 그것이 옳다 하더라도 받아들이고 싶지 않기 때문에 거부한다고 이해한 것이죠.

하지만 이것은 사실이 아닙니다. 주체는 모르기 때문에 해석을 수용합니다. 이로부터 생각해본다면 반대로 해석의 거부는 주체가 자신의 행위의 의미를 알고 있다고 생각할 때 일어난다고 추론하는 것 역시 가능합니다. 즉, 주체가 타자의 말에 의해 영향을 전혀 받지 않는다면, 이는 주체의 견해가 타자의 그것과 다르기 때문이라는 것이죠. 그리고 주체가 해석을 거부하는 이유에 대해서 명확히 이야기한다면 거부가 타당해 보입니다. 분석가의 해석을 거부하는 대신 좀 더 타당한 뭔가를 내놓을 수도 있는 것이죠.

그런데 항상 이와 같은 경우만 있는 것은 아닙니다. 주체는 분석가의 해석을 거부하지만 그를 대신할 만한 뭔갈 내놓지 못하는 경우도 있습니다. 단지 분석가의 해석이 아니라고, 그것을 받아들일 수 없다고 말하는 것이죠. 표면적으로 보면 주체의 이러한 거부행위는 상당히 반항적으로 보입니다. 분석가의 해석이 틀린 이유를 명확히 지적하지도 못하면서 무조건적으로 거부하는 것처럼 보이기 때문입니다. 그래서 타자의 입장에서는 주체가 해석이 마음에 들지 않기 때문에 받아들이지 않는 것으로 이해하게 됩니다. 즉, 해석이 틀렸기 때문이 아니라 주체의 입맛에 맞지 않았기 때문이라는 것이죠. 게다가 분석환경에서 주체는 정신분석가만큼 인간 정신에 대한 전문가가 아닙니다. 정신분석가보다 많이 알 수 없는 위치에 있습니다. 그러니까 주체가 해석을 거부한다면 이는 뭔가를 명확히 알기 때문이 아니라 모르면서도 단지 분석가에게 저항하기 위해, 즉 분석가에게 수동적인 태도를 취하지 않기 위해 저항한다는 식의 이론이 가능해집니다. 바로 거세의 암초 이론이죠.

그렇다면 주체는 왜 분석가의 해석이 불충분하다는 사실을 알고 있으면서도, 그것을 대신할 만한 무엇인가를 말하지 못하는 걸까요? 이들이 자신의 의견을 내세우지 못하는 까닭은 자신이 알고 있는 그것들을 어떻게 말로 표현해야 할지 알지 못하기 때문입니다. 신경증자는 알지 못하는 자의 태도를 보입니다. 하지만 이것은 절반만 사실입니다. 그는 알지 못하지만 다른 한편으로는 알고 있습니다. 그렇다면 신경증자는 무엇을 알지 못하는 것일까요? 바로 자신의 무의식을 설명할 '언어'를 알지 못하는 겁니다. 신경증자의 정신에는 무의식에 대한 지식들이 존재합니다. 하지만 그것을 표현할 적절한 언어가 존재하지 않습니다. 자신 안에 있는 것들을 표현하고 싶지만 언어가 없기 때문에 말로 표현하지 못합니다. 그렇기 때문에 증상적인 형태로 저항이 나타나게 됩니다. 아무런 이유 없이 단지 타자의 말을 거부만 하는 것처럼 보이는 것이죠.

물론 프로이트는 이 사실을 알고 있었습니다. 그는 주체가 말로 표현하지 못하는 앎을 무의식적 앎이라 불렀습니다. 무의식적 앎이 역설적인 특성을 갖고 있다고 말합니다. 자아는 무의식에 대해서 모릅니다. 하지만 어떤 말과 행동을 한다는 건 그 이유를 본인이 알고 있다는 것을 뜻합니다.

하지만 그는 근본적으로 환자가 말할 수 없다고 보았고, 따라서 분석가가 반드시 해석해야 한다고 본 겁니다. 그러니까 프로이트에게 있어 분석가의 해석은 환자가 말하지 못하는 그것들을 대신 말해주는 것이 됩니다. 반대로 주체가 분석가에게 저항한다면, 이는 주체 내부에 있는 무의식적인 지식이 분석가의 지식과 충돌하고 있기 때문입니다.

즉, 주체가 거부를 하면 거기에는 그만한 이유가 있습니다. 하지만 프로이트는 지식에 관한 한 굉장히 고압적인 태도를 취했습니다. 거세의 암초는 환자의 지식에 대해서 프로이트가 취하는 태도의 문제였다는 것이죠. 현상을 제대로 이해하지 못했기 때문에, 프로이트는 그것을 극복할 방법도 찾지 못했던 것입니다.

분석가를 찾는 이유

✎ 신경증자는 자신의 상태를 설명할 수 있는 언어를 찾습니다. 그런데 자신에게는 그 언어가 존재하지 않습니다. 그러니 더 많은 것을 알고 있는 타자에게 기대게 됩니다. 지식이 많다는 것은 세상을 설명할 수 있는 언어가 많다는 것을 의미하죠. 그리고 주체는 타자로부터 설명적인 지식을 받을 때 확실히 심리적 고통이 덜해진다고 경험합니다. 이를테면 원인 모를 고통에 시달리다가, 그것이 우울증이나 과잉행동장애와 같은 이름의 병이라는 말을 듣게 되면 안정감과 만족감이 생깁니다.

주체가 전문가에게서 찾는 이 기능은 주체의 주변에 있는 타자들, 부모나 어른들의 기능을 이어받습니다. 주체의 주변에는 항상 어른들이 존재합니다. 어른들 역시 주체의 행동을 설명하고 해석합니다. 예를 들어 아이가 어른들과 약속을 안 지키면 '너는 나쁜 아이야.'라는 식으로 해석하죠. 아이가 그 해석을 받아들이게 되면 이후에 그 행동은 나쁜 행동이 됩니다. 반대로 칭찬하면서 좋은 행동이라고 말해줄 수 있습니다. 그러니까 아이는 자신의 행동 의미를 어른들로부터 받게 됩니다. 어른들이 그 의미를 정해주는 것이죠. 주체의 행동을 해석하는 겁니다.

신경증자는 자신의 행동 의미를 알지 못합니다. 자신도 명확히 알지 못하는 행위를 반복하면서 고통스러워하죠. 이는 무슨 뜻일까요? 이는 주체의 주변에 있는 타자들이 적절한 해석을 하지 못했다는 것을 의미합니다. 어른들이 항상 주체에게 해석을 제시할 수 있는 것은 아닙니다. 어른들 역시 사용할 수 있는 언어와 지식에 한계가 있습니다. 따라서 주체가 하는 어떤 행동들의 의미를 명확하게 해석하지 못합니다. 무반응을 보이게 되는 것이죠. 이렇게 되면 주체는 타자로부터 지식을 전수받지 못하고, 결국 자기 자신의 일부분을 이해하지 못하게 됩니다. 바로 이 때문에 자신이 어떤 말과 행동을 하면서 그 이유를 알지 못하게 되는 것이죠. 이것이 바로 우리가 우리 자신을 이해하지 못하는 까닭입니다. 타자로부터 적절한 언어를 받지 못했기 때문에 주체는 자신을 이해하지 못합니다.

그리고 그 원인은 타자가 가진 지식의 결핍에 있습니다. 바로 이때 신경증자는 타자의 타자를 찾습니다. 즉, 자신의 주변에 있는 어른들이 대답을 하지 못한다 하더라도, 다른 누군가는 해석할 수 있는 지식이 있다고 믿게 됩니다. 이때 프로이트가 응답을 했던 것이죠. 정신분석가로서 그 억압된 행위들, 무의미해 보이는 행위들에 의미를 부여해주는 방식을 취했던 겁니다. 당연히 주체는 자신의 행위 의미를 명확히 알게 되고 무지에서 오는 고통 역시 덜게 됩니다. 프로이트 임상이 가졌던 치료적 효과입니다.

그런데 이러한 치료가 가능하기 위해서는 분석가가 굉장히 많은 것을 알고 있어야 합니다. 주체의 상황을 설명할 수 있는 언어를 가지고 있어야 하죠. 그런데 개별적 존재로서 분석가 역시 지식의 한계가 있게 마련입니다. 주체는 분석가가 가진 지식이 자신을 설명해줄 것이라 믿었는데, 만약 분석가가 적절히 설명하지 못하게 되면 어떻게 될까요? 분석이 자신을 위한 유일한 치료라고 생각했는데 그게 이뤄지지 않는다면 어떻게 될까요? 바로 '정신분석도' 아무런 효과를 가지지 못한다면서 실망하게 됩니다. 과거에 주변 어른들의 실패가 분석가에게도 반복되는 것이죠.

이것 역시 프로이트가 거세의 암초라고 명명했던 현상 중 하나입니다. 즉, 여성적 우울은 분석가 역시 주체의 기대를 적절히 충족시켜줄 타자가 아니라는 사실을 알게 될 때 발생합니다. 그리고 주체가 이것을 기대하게 된 까닭은 바로 프로이트가 환자의 요구에 부응하려고 했기 때문입니다. 프로이트의 적극성 앞에서 환자는 희망을 품게 된 것이죠. 하지만 결국에 프로이트 역시 그것들을 줄 수 없다는 사실을 알게 되고, 주체는 실망하게 되는 겁니다. 그러니 이 부정적 반응 역시 프로이트가 취했던 태도로부터 도출된다는 결론이 나옵니다.

❝ 마지막 말

✐ 이런 상황에서 주체가 언어에 대한 욕망을 가지고 있다면, 또다시 타자의 타자를 찾습니다. 분석가보다 더 많이 알고 있는 분석가, 좋은 학교를 나온 분석가, 유학을 다녀온 분석가 등등을 찾게 되죠. 이 과정에는 끝이 없습니다. 그뿐만 아니라 주체가 분석을 성공적으로 마친다 하더라도 이후에 주체는 또 자신이 모르는 것들과 대면하게 됩니다. 이렇게 되면 분석가를 또 만나야 합니다. 바로 이 때문에 정신분석은 끝이 없는 작업이 됩니다. 자신의 상태를 온전하게 설명해줄 수 있는 '마지막 말'을 찾는 여정을 끝마치지 못하게 된다는 것이죠.

신경증적 주체에게는 이 마지막 말에 대한 믿음이 존재합니다. 형제가 알지 못한다면 부모님이, 부모님이 알지 못한다면 학교 선생님, 그들도 알지 못한다면 의사선생님이 알 거라 생각합니다. 그리고 결국 이 마지막엔 신이 존재합니다. 육체를 가진 사람들이 알지 못한다면 신은 모든 것을 알고 있을 것이라고 믿게 됩니다. 심리적 문제로 고통받는 이들이 종교에 관심을 두게 되는 건 우연이 아닙니다. 신은 전지전능하다고 간주되기 때문입니다. 어찌 되었건 주체에게는 이 전지적인 타자에 대한 믿음이 '이미' 존재하고 있습니다. 마지막 말을 가지고 있는 타자에 대한 믿음이죠. 그리고 이 믿음이 구체적인 타인에게로 향하게 되는 일이 생기는데, 이것이 바로 분석가를 향한 믿음입니다.

주체가 이처럼 강렬한 믿음을 가지고 있는 까닭은 사회적 장과 연결되고 싶어 하기 때문입니다. 언어는 주체와 타자를 연결합니다. 타자가 언어를 통해서 이름 붙여줄 때, 주체는 타자에 대해서 '의미 있는 존재'가 됩니다. 신경증자는 기본적으로 의미를 추구하는 존재죠. 반대로 해석되지 못한다면 주체의 존재는 비 의미, 무의미한 것이 되어버립니다. 그런데 신경증자는 자신을 이해하지 못하기 때문에 고통을 겪습니다. 신경증자의 무지는 타자의 무지입니다. 주체의 무지는 타자가 적절하게 반응하지 못함, 타자의 부재를 상징합니다. 바로 여기서 불안이 발생합니다. 어른들로부터 보호받지 못하고 홀로 있는 불안이 발생하는 겁니다. 그리고 이 불안을 극복하기 위해서 자신을 타자의 장에 연결해줄 타자가 존재할 것이라는 믿음을 지탱하는 것이죠.

그런데 사실 모든 걸 알고 있는 타자는 존재하지 않습니다. 즉, 마지막 말을 갖고 있는 타자는 존재하지 않는다는 것이죠. 왜냐하면, 애초에 인간의 존재 자체가 어긋나있기 때문입니다. 언어라는 것은 인간이 태어나기 이전부터 존재했던 겁니다. '내'가 태어나기 전부터 존재했던 것이기 때문에 언어적 장에는 '나'를 위해 마련된 언어는 존재하지 않습니다. 기존에 이미 존재했던 것으로 나를 설명할 수밖에 없는 것이고 가장 결정적으로 핵심적인 나의 존재의 중핵을 설명할 수 없다는 것이죠. 애초에 인간의 존재 자체가 언어와는 전혀 상관이 없습니다. 즉, 논리적으로 인간의 고통을 타자의 언어를 통해 치료하는 것은 불가능합니다.

그러나 타자의 언어를 통해 치료하는 게 불가능하다고 해서 분석 자체가 불가능한 것은 아닙니다. 여기서 말하고자 했던 것은 기존에 존재하는 언어, 타자의 언어를 통해서만 치료하는 게 불가능하다는 것을 뜻합니다. 즉, 분석가의 지식을 통해서 주체를 치료하게 되면 결국에는 거세의 암초에 부딪힐 수밖에 없다는 것이죠. 왜냐하면, 주체의 입장에서 분석가의 지식은 타자의 지식이기 때문입니다. 그러나 언어를 통해서 주체를 치료하는 것은 가능합니다. 바로 방식을 뒤집어야 합니다. 기존에 존재하는 언어들로 주체를 설명하는 것이 아니라 주체가 자신을 설명할 수 있는 새로운 언어를 발명하는 것으로 문제를 해결할 수 있습니다.

주체를 향한 믿음

✒ 프로이트의 임상에서 분석가는 지식을 대표했습니다. 주체는 질문을 던지고 분석가는 그것에 응답합니다. 분석가가 적절한 답을 찾지 못하게 되면 주체는 더 이상 분석가에게 영향을 받지 못합니다. 이 구도 자체를 뒤집는 겁니다. 분석가는 지식을 전수하는 것이 아니라 오히려 주체가 말할 수 있도록 돕고, 주체가 자신의 언어를 통해서 자신을 설명할 수 있게 돕는 것이죠. 정신분석가는 주체가 자신을 설명할 수 있는 언어를 '창조'해낼 수 있도록 돕는 산파의 역할을 맡는 것이죠. 이는 무의식에 대한 지식들을 전수하는 것이 아니라 그 지식을 발명할 수 있도록 주체를 돕는 것입니다.

이러한 실천이 중요한 까닭은 분석 이후에 있습니다. 분석을 끝마친다고 해서 주체가 모든 것을 아는 상태가 아닙니다. 주체는 얼마 지나지 않아 알지 못하는 것, 즉 무의식이 던지는 문제들과 맞닥뜨리게 됩니다. 그런데 만약 주체가 타자로부터 항상 답을 들어왔다면 주체는 그 무의식을 해명할 수 있는 방식이 무엇인지 모르게 됩니다. 따라서 분석가를 다시 찾게 되고 분석을 다시 받아야 합니다. 하지만 주체가 분석 과정에서 스스로 답을 찾아내는 법을 배우게 된다면 다릅니다. 주체는 구체적인 답이 아니라 답을 찾아내는 방법을 배우게 됩니다. 그렇기 때문에 이후 어려움이 생긴다 하더라도 그 어려움을 스스로 극복할 수 있게 되는 것이죠. 즉, 다시 분석가를 찾는 것이 아니라 스스로 분석을 행할 수 있게 되는 것입니다.

이를 위해서는 분석가는 주체에게서 질문이 나타나도록 만들어야 합니다. 분석가의 역할 자체가 바뀌는 것이죠. 답을 주는 사람에서 문제를 제기하는 사람이 되는 것이죠. 이는 무의식의 형성물들에 대한 답을 주는 것이 아니라 무의식의 형성물들과 끊임없이 대면하도록 만드는 것을 통해서 가능해집니다. 분석가는 주체의 말 중에서 나타나는 모순점들이나 말실수와 같은 증상적 지점을 강조함으로써 그것과 마주치도록 만들 수 있습니다.

분석가는 무의식이 던지는 문제에 대한 해답을 분석가가 직접적으로 주려고 노력하는 것이 아니라 주체가 찾아낼 때까지 기다려주어야 합니다. 즉, 직접적인 답을 주는 일을 회피하는 것이죠. 이것을 위해서는 주체에 대한 믿음이 필요합니다. 주체가 스스로 답을 알아낼 수 있다는 강렬한 믿음, 아니 믿음을 넘어선 확신이 있어야 합니다. 이것은 주체가 자신이 던진 질문에 대해서 '이미' 답을 알고 있을 것이라는 믿음입니다. 그래야만 분석가는 주체를 보채거나 닦달하지 않고, 또 지식을 직접적으로 주지 않으면서도 옆에서 기다릴 수 있게 됩니다.

이 믿음은 고전적인 형태의 정신분석과는 다른 겁니다. 고전적인 형태에서 주체는 분석가를 믿습니다. 분석가가 뭔가 알고 있을 것이라 믿죠. 하지만 여기서는 믿음이 뒤집어집니다. 분석가 역시 주체를 믿는 것이죠. 이렇게 되면 주체는 스스로 지식들을 찾아내고 자신이 처한 문제에 대한 답을 찾아냅니다. 물론 처음에는 잘 모릅니다. 주체는 어떻게 해야 하는지도 모르고 어떤 방향으로 가야 하는지도 모릅니다. 왜냐하면, 한 번도 해본 적이 없기 때문입니다. 하지만 이 과정을 겪다 보면 주체는 자신이 스스로 답을 찾아냅니다. 왜냐하면, 인간에게는 기본적으로 고통으로부터 벗어나려는 경향성, 프로이트가 쾌락원칙이라고 불렀던 것이 있기 때문이죠.

지식을 좋아하는 충동

　　　　　　　　　✒ 인간의 충동은 지식을 좋아합니다. 지적인 활동을 통해서 실제로 만족을 얻는다는 이야깁니다. 누구나 이런 경험을 해본 적 있을 겁니다. 자신이 며칠 동안 골머리를 앓던 문제가 해결되어 즐거움을 느꼈던 경험이요. 문제가 풀리지 않을 때는 괴롭지만 결국 답을 찾아낼 때는 즐겁습니다. 뭔가 속 시원한 기분이 듭니다. 이것이 프로이트가 '쾌락원칙'이라고 이야기했던 것의 한 예입니다. 문제가 풀리지 않을 때는 심적 긴장이 증가해서 괴롭습니다. 하지만 답을 알게 되면 긴장이 해소돼서 쾌락이 느껴지는 것이죠. 그러니까 인간에게는 지식을 좋아하는 충동이 있는 것이고, 인간의 지적인 활동은 쾌락원칙에 기반하고 있다고 할 수 있습니다.

　바로 이 때문에 분석가가 답을 주지 않는 일은 주체를 괴롭게 만듭니다. 주체는 마땅한 답이 나오지 않기 때문에 고통스러운 것이죠. 보통 성장 과정에서 주체가 이렇게 답을 찾지 못하고 고민하고 있을 때에는 주변에 있는 어른들이 답을 알려주곤 합니다. 아이에게 도움을 주고 싶어 하는 것이죠. 그런데 이렇게 직접적으로 도움을 주는 일은 주체가 답을 찾으면서 얻는 쾌락을 빼앗아가는 일이 될 수도 있습니다.

　사실 사람들에게 이 인식애적 충동은 거의 억압되어있는 경우가 많습니다. 왜냐하면, 어른들이 일방적으로 답을 제시하면서 스스로 생각해볼 기회를 빼앗아가기 때문이죠. 아이들은 세상이 던지는 수수께끼에 대해서 스스로 대답해보려고 합니다. 그리고 나름대로 답을 내리고 기뻐하면서 어른들에게 이야기할 때가 있죠. 그런데 이때 어른들은 '네가 뭘 알아?'라는 식으로 아이의 말을 묵살하고 자신들이 이미 알고 있는 답을 줍니다. 어른들에게 혼나는게 두려운 아이들은 결국 자신 스스로 생각하는 것들을 포기하게 됩니다. 스스로 생각하고 답을 찾아내는 일이 즐거운 일이 되는 게 아니라 두려운 일이 되어버립니다. 바로 이 때문에 많은 사람들이 성인이 되어서도 자신의 지성을 활용하지 못하는 것이죠.

그래서 이렇게 큰 아이들은 자신이 보고 경험한 것에 의거해 판단하는 게 아니라 '들려오는 것들'에 의해서 세상을 바라봅니다. 자신보다 큰 사람들, 어른들이나 더 많이 배운 사람들에게서 전해져오는 말들을 믿는 것이죠. 그래서 어른들이 아이에게 했던 말들은 아이의 세상을 구성하는 틀이 되는 것이죠. 그것들은 일종의 고정관념이나 선입견이 되어서 주체의 삶을 틀 짓고 감옥으로 만듭니다. 그러니까 반드시 어떻게 살아야 한다는 어른들의 말이 무조건 옳지 않은데도 그것이 옳다고 생각하면서 살아갑니다.

만약 분석가가 해석을 일방적으로 전달한다면 어떻게 될까요? 주체가 무의식의 문제들과 대면했을 때 그것을 설명하려 한다면 앞에서 말한 상황이 반복되는 겁니다. 주체에게는 별다른 해결책이 없습니다. 그 말을 받아들이는 수밖에 없죠. 주체는 모르는 입장이고 분석가는 안다고 생각되는 입장이니 그의 말이 무조건적으로 옳다고 생각할 수밖에 없습니다. 만약 주체가 분석가와는 다른 방식으로 생각한다면 문제는 더욱 심각해집니다. 왜냐하면, 주체가 분석가와 좋은 관계를 유지하려고 한다면 분석가의 해석을 수용할 수밖에 없기 때문입니다. 자신은 그렇게 생각하지 않는다 하더라도, 분석가가 그렇게 말했기 때문에 따를 수밖에 없는 것이죠. 바로 억압이 반복되는 겁니다.

그렇기 때문에 정신분석 임상은 해석을 주입하는 것이 아니라 다른 방식, 즉 해석을 주체가 스스로 발명해낼 수 있도록 이끌어야 합니다. 이것은 매우 중요합니다. 왜냐하면, 자신의 지성을 활용하는 것 그 자체가 주체를 억압하는 힘으로부터 벗어나는 일이 되기 때문입니다. 자신의 지성을 사용할 때 어른들이 했던 말을 무턱대고 믿고 따르는 것이 아니라, 스스로 경험해보고 그것이 옳은지 그른지 판단하는 주체가 됩니다. 결론적으로 어른들이 말했던 방향으로 가게 된다 하더라도 과정 자체가 다릅니다.

많은 사람들은 주체가 스스로 답을 찾아낼 수 없다고 봅니다. 정신에 대해서 공부한 적이 없는 주체가 어떻게 자신의 정신을 분석할 수 있을까요? 애초에 이것이 불가능하다고 생각하게 되면 분석가는 도움을 준다는 명목하에 해석을 해주게 됩니다. 바로 프로이트적 태도죠. 하지만 분석 과정에서 주체가 아무것도 모르는 순진한 상태로 있지는 않습니다. 주체는 이미 무의식에 대한 호기심을 가지고 있고 그것을 설명하기 위해 굉장히 치열한 생각을 하고 있습니다. 주체의 행위가 변하지 않고 답을 찾지 못했다면, 아직 결론이 내려지지 않았기 때문입니다. 신중하게 자신의 생각이 옳은 것인지 검토하는 중인 겁니다. 그리고 시간이 지난다면 주체는 스스로 납득하고 만족할만한 답을 찾아냅니다. 분석가는 인내심을 가지고 이것을 기다릴 수 있어야 합니다.

주체는 스스로 작업하고 답을 찾아내는 과정에서 즐거움을 느끼게 됩니다. 물론 이 과정 자체가 전부 즐거운 것은 아니겠죠. 분석이 잘되지 않을 때는 고통스럽고 또 여러 신경증적인 반응들이 일어날 수 있습니다. 하지만 그것들을 주체가 스스로 납득할 수 있게 설명하게 된다면, 주체가 '아하 그랬구나!'라는 놀람 반응과 함께 많은 즐거움을 얻게 됩니다. 이 즐거움,

만족감이 분석 작업을 지탱하는 동력입니다. 그뿐만 아니라 이것은 추후 증상적 고통을 견딜 수 있도록 돕기도 합니다.

피분석자에서 분석주체로

✏️ 분석 작업 속에서 만족이 발생합니다. 이 충동은 프로이트가 도착적 충동이라 불렀던 것입니다. 왜 도착적일까요? 사실 생각해 보면 그렇습니다. 지적 활동을 통해서 만족을 얻는 건 실제 성관계를 하는 것과는 전혀 관련이 없습니다. 그런데도 불구하고 지적 작업은 성적 만족을 대체합니다. 인간에게 존재하는 도착적 충동이 지적 작업을 통해서 만족을 얻는 겁니다. 충동이 '승화'되는 것이라고 볼 수 있습니다. 정신분석 작업을 통해서 도착적 충동을 만족시킬 수 있다는 사실은 매우 중요합니다. 왜냐하면, 바로 증상 역시 도착적 충동을 만족시키기 위한 것이기 때문이죠.

주체가 분석 작업을 활발하게 하다 보면 증상이 점차 사라집니다. 왜냐하면, 주체는 만족을 얻기 위해서 증상을 반복했기 때문입니다. 하지만 이제 분석 작업을 통해 만족을 얻을 수 있게 되니 증상은 더는 필요 없어지는 것이죠. 말하자면 증상은 분석 작업으로 대체되는 겁니다. 인접 분야에서도 이와 유사한 일이 벌어집니다. 심각한 심리적 어려움을 겪고 있던 사람들이 시나 그림 혹은 음악 활동 같은 예술활동을 통해서 자신의 내면세계를 표현하는 작업을 하다 보니 세상을 살아갈 수 있게 되는 경우 말이죠. 이유는 너무나 간단합니다. 그 표현하는 과정이 너무나 즐겁기 때문입니다. 정신분석을 통해서 증상이 완화되는 이유는 사실 해석이 옳기 때문이 아닙니다. 분석 작업이 즐거움을 주기 때문입니다.

분석 과정에서 주체는 강압적인 방식이 아니라 스스로 납득 가능한 답을 찾아내는 것이 중요합니다. 결과가 아니라 과정이 중요한 것이죠. 이 과정에서 주체는 스스로 정신분석과 무의식에 대해 배우게 됩니다. 분석가가 가르치는 것 없이도 주체는 스스로 배우게 됩니다. 그러니까 새로운 유형의 정신분석에서 환자는 피분석자가 아니라 '분석주체(analysant)'인 겁니다. 피분석자라는 말은 '쥐가 고양이에게 먹히다'처럼 피동의 의미를 가지고 있죠. 환자는 분석가에 의해서 분석당하기 때문에 피분석자라고 불립니다. 반대로 분석주체는 스스로 분석을 한다는 것을 말하죠.

환자가 분석을 당하면 주체의 증상을 치료할 수 없습니다. 신경증을 일으켰던 근본적인 원인은 바로 주체와 타자의 불균형한 관계 그 자체입니다. 타자의 지식을 일방적으로 수용하는 관계 말이죠. 이렇게 되면 당연히 불만족스러운 부분들이 남게 됩니다. 주체가 아무리 많은 것을 안다 하더라도 여전히 분석가는 넘을 수 없는 거대한 인물처럼 보입니다. 거세의 암초는 이 불만족에 대해서 무의식이 자신을 주장하는 것이죠. 남성은 자신을 불편하게 만드는 분석가를 거부하는 것이고, 여성은 정신분석이 쓸모없다고 우회적으로 말하는 것이죠. 따라서 치료를 위해서라면 이 억압적 관계를 개선해야 합니다.

따라서 정신분석 임상은 환자를 피분석자가 아니라 분석주체로서 대해야 합니다. 주체의 충동이 만족을 얻을 수 있는 방식으로, 그러니까 즐거움을 느낄 수 있는 방식으로 구조화되어야 한다는 겁니다. 이것이 정말로 근본적인 문제인 것이죠. 따라서 정신분석가의 역할은 해석을 해주는 게 되어서는 안 됩니다. 환자가 스스로 작업할 수 있는 장을 열어주고 그가 스스로 답을 찾아낼 수 있도록 옆에서 기다리는 역할을 하는 겁니다. 주체가 스스로 해석을 찾아내고 거기에서 오는 즐거움들을 향유할 수 있도록 말이죠.

가부장을 넘어서

✏️ 이 과정이 함축하는 바는 무엇일까요? 바로 가부장제를 넘어서는 겁니다. 아버지라는 존재는 주체가 알지 못하는 무엇을 가진 존재입니다. 아버지는 아이보다 먼저 태어났고, 많은 것을 경험했고, 또 아는 것이 많죠. 그래서 아이는 아버지가 가진 지식에 의해 보호받고 인도받으며, 때로는 처벌받기도 하면서 어른이 됩니다. 그런데 이 아버지는 단순히 집에만 있는 게 아닙니다. 세상에는 이런 아버지들이 너무 많습니다. 의사라는 아버지가 있고 학교에는 선생님이라는 아버지가 있습니다. 일터에는 일의 노하우를 알고 있는 선배라는 아버지들이 있죠. 아니 사회구조 자체가 가부장적입니다.

이런 가부장적인 사회는 주체가 착한 주체이길 바랍니다. 즉, 타자가 가진 지식들을 따르길 바랍니다. 그런데 이것은 상당히 고통스럽죠. 왜냐하면, 자신의 생각이 다르다 하더라도 표현하면 안 되기 때문입니다. 그런데 사회에서 많은 주체들은 이 과정을 감당합니다. 왜냐하면, 이 주체들 역시 아버지가 되고 싶어 하기 때문입니다. 이 주체들은 커서 그 아버지를 대신하는 자리에 올라섭니다. 예를 들어서 학교에서 열심히 교육을 잘 받은 사람은 나중에 학교에서 또 다른 사람을 가르치는 선생님이 되겠죠. 아버지의 인도를 받아 잘 성장한 아이는 커서 아버지가 되어서 같은 방식으로 아이를 가르치려고 할 겁니다. 이것이 어찌 보면 우리가 살고 있는 사회의 기본적인 구조라고 볼 수 있습니다.

그런데 인간이 가진 무의식은 이 과정 자체에 저항합니다. 인간 주체에게 신경증이 있다는 사실은 애초에 이런 구조 자체가 억압적이고 주체가 그 바깥으로 나가고 싶어한다는 것을 뜻합니다. 물론 영화나 드라마 소설, 혹은 축제들처럼 구조를 일시적으로 중단시키는 장치들이 존재하기는 하지만 이것은 어디까지나 미봉책일 뿐 주체들이 겪고 있는 신경증적 고통을 완화하지 못합니다. 주체는 결핍에 시달리고 어딘가 부족함을 느끼고 불만족스러운 세상을 살고 있다고 느낍니다. 자신의 인생을 살고 있지 못하다고 느끼고 또 이런 삶은 의미가 없다고 느끼기도 할 겁니다. 그리고 더 많이 가진 다른 사람들을 질투하고 그들의 것을 빼앗고 싶어 하죠. 타자의 지식을 따르면서 자신에게 좋은 것들을 포기했기 때문에 벌어지는 일입니다.

말하자면 주체 자신의 것이 없기 때문입니다. 이것이 핵심입니다. 신경증적 주체의 삶을 틀 짓고 있는 것은 바로 타자가 만들어준 것들입니다. 내 것이 없습니다. 바로 그 때문에 주체는 내 것을 갈망하게 되죠. 이것 때문에 주체가 고통을 겪는다면 주체에게 지식을 주입해서는 안 됩니다. 지식이 아무리 주체에게 좋은 것이고 도움이 된다 하더라도 그것이 전달되는 방식에 문제가 있다면 오히려 그 좋은 지식은 문제를 일으키는 지식이 됩니다. 바로 이 때문에 많은 사람들이 지적인 활동에 흥미를 잃어버리게 됩니다. 아버지나 선생님 같은 존재들이 자신의 의견을 강요하기만 하고 아이가 스스로 깨우칠 시간을 주지 않으면서, 아이가 답을 찾는 즐거움을 빼앗아 가버리기 때문입니다.

그렇다고 해서 지식을 무용한 것으로 만들 수도 없습니다. 만약 그렇다면 주체는 '인간화'되지 못하고 어떤 동물적인 것으로 남게 됩니다. 지식은 인간을 변화시킬 수 있는 핵심적인 수단입니다. 그러니까 정신분석은 주체를 인간화하되 그가 억압되지 않는 방식으로 하는 걸 택해야 합니다. 지식을 수동적으로 받아들인다면 주체는 억압될 겁니다. 하지만 그 지식들을 스스로 찾아낸다면, 이것은 이미 타자의 지식이 아닙니다. 주체가 창조해낸 지식이고 주체 자신의 것이죠. 이것은 이미 주체의 일부분이고 주체의 욕망에 의해서 만들어진 겁니다.

이것은 그 자체로 주체를 해방시키는 방법입니다. 왜냐하면, 더 이상 자신보다 더 많이 알고 있는 타자에게 의존하지 않을 수 있기 때문입니다.

지금까지 한 말은 하나의 문장으로 요약될 수 있습니다. 정신분석은 주체의 '주체성'을 존중해야 합니다. 정신분석가 역시 해석을 주입한다면 억압하는 인물로 비추게 됩니다. 억압을 해소해야 하는 정신분석가의 역할이 역설적이게도 억압을 하는 것으로 되어버리는 것이겠죠. 자신의 답을 강요하는 순간 주체는 주체가 아니라 대상으로 전락합니다. 이렇게 되면 결과적으로 분석은 실패합니다. 이렇게 말할 수 있습니다. 정신분석은 인간을 주체로서 존중하지 않는다면 반드시 실패할 수밖에 없는 기술이라고 말입니다.

이를 위해서 분석가는 두 가지 역설적인 태도를 인정해야 합니다. 분석가는 주체가 알지 못한다는 것을 알고 있어야 합니다. 이와 동시에 주체에게 스스로 답을 찾아낼 수 있는 힘과 가능성들이 있다는 사실을 믿어야 합니다. 물론 주체가 누군가의 도움 없이 찾아낼 수는 없습니다. 왜냐하면, 신경증자는 기본적으로 자기 자신을 믿지 못하기 때문입니다. 내가 할 수 있을까? 내가 알고 있는 것들이 옳을까? 하는 의심에 휩싸여 있죠. 이것들을 극복하기 위해서는 주체를 대신해서 주체를 믿어주는 타자가 필요합니다. 주체 자신보다 주체를 더 믿는 타자가 필요한 것이죠. 주체를 향한 믿음, 주체가 언젠가는 스스로 답을 찾아낼 수 있을 것이란 믿음을 갖는 것, 이것이 바로 정신분석가가 거세의 암초를 넘어설 수 있는 방법입니다.

5

문명의 성도덕과 신경증

정신분석과 성도덕

📝 신경증자는 자신의 성욕을 인식하지도 못하고, 인식한다 하더라도 그것을 실현하지 못합니다. 왜 자신의 성욕을 인식하지 못하는 것일까요? 그 이유는 바로 도착적인 형태를 띠고 있기 때문입니다. 이성애적인 것과 형태가 다르니 성적인 것이라고 인식하지 못하는 겁니다. 예를 들어, 사랑하는 사람을 갑자기 때리고 괴롭히고 싶다는 생각이 들었다고 해봅시다. 만약 주체가 대상을 사랑한다면 이것들을 하기 힘들 겁니다. 사랑하는 사람에게 가학하고 싶은 마음이 생긴다니 오히려 자신을 비난하고 싶을 것이죠. 그런데 가학적 생각들이 바로 성욕으로부터 기인했다는 겁니다. 정상적 성욕으로부터 이탈해 있어서 성적인 것이라 인식되지 않을 뿐이죠. 정신분석은 이렇게 주체에 의해서 거부되는 성욕들을 다시 주체의 것으로 만드는 것을 목표로 합니다.

그렇다면 신경증자들은 정신분석의 끝에 도착자가 되는 것일까요? 반드시 그런 것은 아닙니다. 왜냐하면, 성욕을 주체화한다고 해서 반드시 그것을 실현시키는 것은 아니기 때문입니다. 어떤 주체는 그 성욕을 승화시키는 방식으로, 즉 성행위가 아닌 다른 방식을 통해서 성충동을 만족시킬 수도 있습니다. 그런데 승화 역시 인간의 성충동이 얼마나 도착적인지 잘 보여주는 현상이죠. 만약 성욕이 운동을 통해서 해소가 된다면, 이는 그 운동이 성적인 의미를 갖는다는 것을 뜻합니다. 운동은 성행위가 아닌데도 말이죠. 즉, 직접적 성행위가 아니어도 성욕을 해소하려고 하는 인간 충동의 도착성을 잘 보여줍니다.

어떤 사람들은 승화를 통해서 만족을 얻을 수도 있습니다. 하지만 승화는 완벽한 방법이 아닙니다. 승화에 재능을 가진 사람은 그리 많지 않으며, 있다 하더라도 승화로는 충동의 요구 해결을 전부 할 수 없습니다. 결국에 충동은 직접적인 행위를 통해서만 만족을 얻을 수 있습니다. 그러니 주체는 그것들을 지향하게 될 가능성이 매우 큽니다.

이것은 전통적인 성관념에서 보면 변태적인 것이고 비도덕적인 것으로 간주됩니다. 하지만 정신분석은 도착적 성을 비난하지 않습니다. 이를테면 프로이트는 동성애적인 성향을 둔 부모의 편지를 받았을 때, 동성애는 비난의 대상이 아니며 치료의 대상도 아니라고 말합니다. 물론 그는 발달론적인 관점에서 그 아이가 정상적인 발달 단계를 거치지 못했다고 말하지만 말이죠. 그는 '이성애'를 정상적인 발달의 최종점이라고 보기는 했던 겁니다. 성적 리비도가 발달하는 데 문제를 겪은 것이고, 따라서 정상성으로부터 이탈해 있다고 봤습니다. 이것이 프로이트의 한계이기는 합니다. 하지만 적어도 도착적인 성욕이 도덕적 비난의 대상이 될 수 없다고는 말하면서 그는 사회적, 도덕적 편견으로부터 정신분석을 구해내는 데 성공했습니다.

그러니 정신분석은 어찌 보면 사회가 제시하는 성도덕과 정면으로 대립하게 됩니다. 현재 우리 사회의 성도덕은 어떤 것일까요? 과거에 비해 많이 개방적이죠. 반드시 결혼을 해야만 성관계를 할 수 있게 강요하지는 않습니다. 결혼하지 않고도 남녀가 함께 살고 성관계를 할 수 있다고 하죠. 하지만 여전히 성도덕이 허락하는 성관계는 '정상성'에 근거한 이성애입니다. 이성애를 벗어난 행위들, 지금까지 우리가 말해왔던 도착적인 성욕들은 받아들여지지 못하는 경우가 많습니다. 이를테면 동성애는 아직까지 터부시되고 노출증이나 관음증은 실질적인 법적 처벌의 대상이 됩니다. 소아성애 같은 경우는 말할 것도 없죠. 이런 상황에서 정신분석이 도착적 성을 비난하지 않는다면 정신분석 역시 다소 변태적인 학문처럼 보이게 될 겁니다.

그럼에도 정신분석가가 정신분석 임상에서 주체의 도착적 성욕을 비난해선 안 됩니다. 그 이유는 단순히 윤리적인 이유, 즉 모든 사람에게는 개성이 존재한다는 것이 아닙니다. '정상적인 성'이라는 것에 대한 개념이 시대와 문화별로 상대적이기 때문에 반드시 따라야 하는 가치가 아니라는 상대주의적 입장이기 때문도 아닙니다. 임상적인 관점에서 성적 억압은 신경증을 일으키는 가장 큰 문제가 되기 때문입니다. 즉, 성욕을 통제하는 것, 주체가 자신의 성욕을 억압하고 즐기는 것은 주체를 심리적 고통에 몰아넣습니다. 바로 이 때문에 정신분석은 정상을 강요하는 성도덕과 대립을 하는 것이죠.

내면화된 성도덕

✏ 성도덕이란 무엇일까요? 이 질문을 매우 간단하게 이해한다면 '현대 우리 사회에 통용되는 성적 정상성에 대한 기준'이라고 말할 수 있습니다. 이를테면 많은 사회는 이성애적 일부일처제를 강조합니다. 남성과 여성이 만나야 하고, 그 관계는 독점적이어야 한다는 것이죠. 이런 사회에서는 성도착증 외에도 매춘이나 외도와 같이 일부일처제를 위반하는 것들 역시 금지의 대상이 됩니다. 이런 행위들은 다른 이들 앞에서는 쉽사리 입 밖에 낼 수 없이, 금기시되는 행위들입니다.

그런데 이 성도덕은 절대적인 게 아닙니다. 다른 사회에서는 이러한 성도덕의 규제범위가 다양할 수 있습니다. 한국 사회에서 동성애는 금기시되는 행위지만 프랑스와 같은 국가에서는 사회 제도적으로 동성 간의 결합이 지원받을 수 있습니다. 그뿐만 아니라 고대 그리스에서 소아성애는 이상적인 성적 충동으로 대우받았습니다. 성인 남성은 교육적인 관점에서 어린 남자아이를 대하고 그와 사랑을 나눴습니다. 현대사회에서는 가장 금기시되는 성충동 중 하나임에도 말이죠. 그러니까 성적 실천의 옳고 그름을 판단하는 절대적인 기준은 존재하지 않습니다. 이것은 시기와 상황에 따라 바뀝니다.

이 점에 착안하여 문명이 강조하는 성도덕이 억압을 일으킨다고 보는 사람들, 그리고 성해방을 주장하는 사람들은 다음과 같은 논리를 세웁니다. 진리는 상대적인 것이므로 자신들의 성행위가 틀렸고 잘못된 것이라고 말할 수 없다는 겁니다. 오히려 성적 억압을 강제하는 성도덕은 지배계

층의 편협함과 무지함을 보여주는 것이고, 그 법이 공정하지 않다고 주장합니다. 특히, 성행위가 다른 사람들에게 직접적인 피해를 주지 않는데도 억압의 대상이 되면 이 억압적 법은 더욱 비판의 대상이 됩니다. 상호 간의 합의에 의해 수행되는 사도-마조히즘이나 동성애 같은 경우는 타인에게 물리적인 피해를 주지 않기 때문에 처벌받아야 할 근거도 없다고 말합니다.

물론 이와는 반대로 상대방에게 해를 주면서도 자신의 성실천의 정당성을 주장하는 경우도 있습니다. 대표적인 인물이라면 바로 마르키 드 사드를 들 수 있습니다. '사디즘'이라는 말의 기원이 된 사람이죠. 이 인물은 다른 사람을 괴롭히고 고문하고 고통을 주면서 즐기는 사디즘적인 환상을 가지고 있었습니다. 그리고 그 환상들을 담은 저술들을 남겨서 상당한 영향을 주었죠. 그런데 그의 저술들은 단순한 외설 소설이라기보다는 철학 서적에 가깝습니다. 왜냐하면, 그는 작중인물의 입을 통해서 자신의 실천이 왜 정당한지를 논리적으로 증명하기 때문입니다. 그의 말에 따르면 인간의 성욕은 자신이 선택하는 것이 아니고 자연에 의해서 부여되는 겁니다. 즉, 자신을 이렇게 만든 건 자연이라는 것이죠. 그래서 자신이 이런 행위를 하는 것도 자연스러운 것이라 합니다. 그러니 그것은 비난받고 배척받을 것이 아니란 것이죠. 하지만 인간이 만들어놓은 그 인위적인 법이 자연이 부여한 천부적인 성질을 억압한다고 말합니다. 그러니 잘못된 것은 자연적인 본성을 억압하는 인간의 법이지 자신이 아니라고 논변합니다.

사드의 주장이 얼마나 논리적으로 타당한지 알 필요는 없습니다. 왜냐하면, 여기서 지적하고자 하는 것은 자신의 성욕에 대해서 사드가 갖는 주체적인 태도이기 때문입니다. 사드는 자신의 도착적 성욕, 그러니까 성도덕을 위반하는 자신의 성욕에 대해 부정적으로 생각하지 않습니다. 그에게 있어 성도덕은 어디까지나 외부에서 주입되는 것이며 주체의 성적 만족을 억압하는 부당한 것으로 정의됩니다. 이것은 매우 특징적인 점이죠. 왜냐하면, 이들이 내적으로는 억압되어 있지 않다는 것을 보여주기 때문입니다.

자신이 도착적인 환상을 갖고 있지만 그것을 스스로 잘못된 것이라 생각한다면 내적으로 억압되어있는 것입니다. 주체가 자신의 성욕을 스스로 비판하는 이유는 바로 문명의 관점에서 자신을 바라보기 때문입니다. 성도덕은 외부에서 주어지는 것이지만 그것을 내면화한 것이죠. 이들이 바로 신경증자입니다. 하지만 사드는 그렇지 않습니다. 사드는 억압되어있지 않으며, 따라서 성도덕이 내면화되지 않았다고 말하는 게 가능합니다. 비난의 화살은 자기 자신이 아니라 외부의 성도덕을 향합니다. 이러한 태도는 사드의 심리적 구조가 신경증자와는 다르다는 것을 보여줍니다.

이러한 이야기를 하는 까닭은 정신분석에서 말하는 '성도덕'이라는 것이 단순히 문명이 제시하는 게 아니라는 사실을 보여주기 위함입니다. 주체를 억압하는 성도덕은 단순히 외부에서 주어지는 게 아닙니다. 신경증에서 그것은 외부에서 오는 것임에는 틀림없지만 결과적으로 내면화됩니다. 정신분석이 말하는 거세 불안, 초자아의 금지 등은 단순히 사회가 주체에게 전달하는 금지의 메시지가 아니라 이미 내면화되어 주체 내부에서 작동하는 어떤 것입니다. 바로 이 때문에 프로이트는 초자아를 처음에 '양심'이라고 불렀던 것이죠.

이 차이를 명확히 하지 않으면 성적 억압을 해소하려는 데 있어서 사회개혁이나 실질적인 행위가 필요하다고 주장하게 됩니다. 하지만 이 주장은 옳지 않습니다. 만약 그렇다면 프로이트는 신경증자를 돕기 위해서 사회운동가가 되었겠죠. 하지만 사회가 개혁된다 하더라도 억압된 이들은 억압되어 있습니다. 왜냐하면, '신경증자'라고 불리는 이러한 사람들은 그들 스스로 그 성욕들을 잘못된 것이라고 간주하기 때문입니다. 자유롭게 행동해도 좋다고 해도 스스로 억제하는 이들이 신경증자들이죠. 그러니까 신경증을 해소하기 위해서는 억압적인 법을 고칠 게 아니라 내면화되어있는 그 억압으로부터 벗어날 수 있도록 도와야 합니다.

성적 차이

✒ 이 내면화된 성도덕이란 무엇일까요? 구체적으로 이것은 어떤 형태를 띠고 있을까요? 성도덕은 성적 차이(difference sexuelle)를 기반으로 작동합니다. 이 성적 차이는 남근의 보유 유무에 따라 각각의 주체가 성행위 속에서 취해야 할 역할들을 규정짓습니다. 남성은 남근을 가진 존재이기에 능동적인 역할을 하고 여성은 남근을 가지지 못한 존재, 즉, 거세된 존재이기에 수동적인 역할을 해야 한다는 것이죠. 성관계라는 것은 결국 이러한 남성과 여성 사이에만 가능한 것이라는 인식, 말하자면 성관계의 공식이 바로 성차입니다.

신경증 환자들에게 내면화된 성도덕은 성차를 기반으로 합니다. 그렇기 때문에 자신의 성욕을 부정적인 것으로 인식합니다. 성욕이 도착적이고 비정상적으로 보이는 까닭은 정상이라는 기준이 존재하기 때문입니다. 바로 성적 차이에 근거한 성행위만이 성실천의 정상적 판본이라는 사실을 신경증자 본인이 알고 있다는 것이죠. 자신의 도착적 충동과 대면하고 그것을 실현했을 때 신경증 환자가 쾌락보다는 죄책감이나 수치심, 불안 등을 경험하는 까닭은 신경증자 본인이 자신의 성욕이 정상으로부터 어긋나 있다는 것을 이미 알고 있기 때문입니다.

문명은 이성애를 가장 정상적인 성욕이라고 말합니다. 왜냐하면, 동물들의 성행위 역시 이성애에 기반하고 있으며 생식을 할 수 있는 유일한 성관계이기 때문입니다. 그렇기 때문에 대부분의 사람들은 이성애를 타고나는 것, 본능(instinct)이라고 부릅니다. 하지만 인간의 성욕을 본능이라고 설명하는 것에는 명백한 한계가 있습니다. 본능 이론은 인간이 보이는 다양한 형태의 성욕들이 어디에서 기원하게 되는지 설명하지 못합니다. 이성애가 아니라 다른 방식으로 만족을 얻는 이들, 즉 도착적인 성욕을 가진 이들의 성욕이 어떻게 만들어졌는지 설명하는 게 불가능하죠. 단순히 본능이론에서 도착적 충동은 단순히 정상성으로부터 이탈한 것이 될 뿐입니다.

그런데 프로이트는 신경증 환자들을 분석하면서 인간이 어린 시절에도 비정상적인 성욕을 갖고 있다는 사실을 알게 됩니다. 유아 역시 성적인 만족감을 갖고, 성적인 호기심을 가지며 성적 행위를 하려고 합니다. 이를테면 이성의 나체에 많은 관심을 보인다든지 자신의 성기를 만진다든지 하죠. 그리고 유아의 성생활은 매우 다양한 방식으로 나타납니다. 유아는 자신의 즐거움을 추구하는데 사실 거리낌이 없습니다. 성인이라면 부끄러워서 보여주지 못하는 자신의 육체를 마음껏 드러내기도 하고 자신의 즐거움을 위해 곤충이나 동물을 잔혹하게 죽이기도 합니다. 프로이트는 이로부터 유아의 성생활이 성인보다 매우 풍부하고, 또 도착적이라는 사실을 알아냅니다. 바로 이 때문에 유아의 충동을 '다형도착적(pervers polymorphe)'이라고 부릅니다. 그러니까 성도착은 본능으로부터 이탈한 게 아니라 인간이 타고나는 것인 거죠.

다만 성인과 유아 사이에는 아주 극명한 차이점이 있습니다. 성인은 성적 정상성이 무엇인지 알고 있지만 유아에게는 성행위를 금지하는 내적 작인이 존재하지 않습니다. 바로 그렇기 때문에 유아는 자신이 원하는 것들을 무조건적으로 추구하려고 합니다. 아이들은 몸을 드러내거나 동물들을 괴롭히면서 수치심이나 죄책감을 경험하지 않습니다. 하지만 성인은 다릅니다. 성인은 과거에는 즐겼던 것들에 대해서 부정적인 반응을 보입니다. 아이에게는 없던 성도덕이 성인에게 생겨난 것이죠.

즉, 성인이 가지고 있는 성도덕은 타고나는 것이 아니라 자라는 시기에 형성됩니다. 따라서 인간의 성욕이 본능이라는 이론은 설득력을 잃습니다. 그렇다면 이어지는 질문은 다음과 같습니다. 이 성도덕은 어떻게 해서 형성되는 것일까요? 어떻게 해서 아이는 정상이 무엇이고 비정상이 무엇인지 알게 되는 것일까요?

〞 성도덕의 형성

📌 추론의 단서는 신경증자가 성적 만족에 대해서 보이는 반응에 있습니다. 신경증자는 기본적으로 성적 만족에 대해서 부정적인 반응을 보입니다. 성적 만족을 얻으면 성병에 걸릴 것 같다든지, 혹은 자신이 좋은 대로 살다가는 파멸하게 될 것이라 예상합니다. 성적 만족을 나쁜 것으로 간주하고, 그것을 누렸다가는 반드시 안 좋은 일이 닥칠 거라는 생각을 하게 됩니다. 그리고 이로 인해 불안이 작동합니다. 어떤 부정적인 생각들 때문에 불안이 발생하고 불안이 행위하지 못하도록 만드는 것이죠.

주체가 성욕을 부정적으로 인식하는 건 그가 타자로부터 영향을 받았기 때문입니다. 먼저 아이는 정상이 무엇인지 모릅니다. 아이가 정상이 무엇인지 안다면 이는 정상을 이미 알고 있는 어른의 가치관을 주입받았기 때문이라고 생각하는 것이 가장 타당합니다. 그리고 아이가 태어나서 가장 최초로 만나는 어른은 부모인 경우가 많습니다. 그러므로 아이가 가지고 있는 불안은 부모에게서 온 것이라고 추론할 수 있습니다. 즉, 주체가 성적 만족에 대해서 부정적으로 반응하는 까닭은 바로 어렸을 적에 부모가 성적 만족에 대해서 굉장히 부정적인 방식으로 대했기 때문입니다.

성적 만족을 부정적인 것으로 만드는 것이 바로 프로이트가 말한 '거세 위협'입니다. 어린아이가 충동의 만족을 위해 행동할 때 어른들은 그것들을 금지합니다. 그런 짓을 하면 고추가 잘린다든지, 완화해서 손이 더러워진다든지 하는 식이죠. 혹은 말을 안 들으면 아이를 버릴 것이다라는 식으로 이야기합니다. 그런데 부모가 실제로 고추를 자르지는 않습니다. 그럼에도 불구하고 아이는 부모가 한 위협들이 현실이 될 것이라 느낍니다. 부모의 처벌이 현실화하는 게 두려운 아이들은 부모가 행하는 금지를 받아들이게 되는 것이죠. 이런 과정을 거치게 되면 아이는 커서 자신의 성욕에 대해서 부정적인 방식으로 대처하게 됩니다. 무의식적으로 성적 만족을 추구하는 것은 나쁜 일, 벌받을 일이라고 생각하게 되는 것이죠.

그런데 모든 아이가 부모의 위협을 일방적으로 받아들이는 건 아닙니다. 부모의 말이 현실화되지 않을 것이라 믿는 아이들은 어떻게 행동할까요? 자신이 부모에 의해 금지된 행위를 하더라도 처벌받지 않는다는 믿음이 있다면, 아이는 부모의 금지를 개의치 않게 됩니다. 두려움 없이 자신이 하고 싶은 일을 마음껏 하게 됩니다. 부모가 금지했다 하더라도 말이죠. 성인이 되어서도 외부에 법에 대해서 같은 태도를 보이게 됩니다. 충동의 만족을 금지하는 자들이 자신에게 아무런 영향을 미치지 못할 것이라 믿고, 성적 만족을 누려도 자신에게 불이익이 닥치지 않을 것이라 생각합니다. 이렇게 된다면 자신의 충동을 실현하는 데 거리낌이 없어집니다.

유년기의 이 차이가 성인이 되어서 성욕과 불안에 대해서 취하는 태도를 결정짓습니다. 바로 그렇기 때문에 '신경증자'와 '성도착자'라는 구분이 가능합니다. 신경증자는 위협을 현실적인 것으로 경험하고 성을 억압합니다. 하지만 도착자는 그런 위협이 자신에게 영향을 미치지 못한다고 생각하며 성을 탐닉합니다.

거세 위협의 현실성

✒ 그러니까 문제는 거세 위협 그 자체가 아니라 거세 위협에 대한 주체의 태도입니다. 아이가 어른의 거세 위협을 듣고 단순히 말뿐인 위협이 아니라 실제로 벌어질 수 있는 일이라고 생각하는 데에는 어떤 이유가 있습니다. 이것을 설명하는 것이 바로 프로이트의 거세이론입니다.

어린아이들은 모든 존재에게 남근이 있다고 믿습니다. 여자나 동물들 심지어 무생물에게까지도 남근이 있다고 믿으며, 이 존재에 어머니도 예외는 아닙니다. 그런데 이런 아이들이 이성의 성기를 보게 되면서, 여성에게는 남근이 부재한다는 사실을 눈으로 목격합니다. 하지만 남근의 존재에 대한 믿음을 아이는 버리지 못합니다. 만약 여자아이에게 남근이 없다면 자신의 남근도 없어질 수 있기 때문입니다.

아이는 남근을 매우 소중하게 대합니다. 아이는 남근이 쾌락의 원천이라는 사실을 어렴풋이 깨닫고 그것이 없을 수 있다는 것을 믿지 못합니다. 그래서 아이들은 지각과 믿음 사이에서 분열을 일으킵니다. 아이는 여성에게서 실제로 남근을 보지 못했지만, 남근이 작아서 안 보인다거나 혹은 앞으로 자라날 거라는 식으로 부인합니다. 여자아이의 경우도 마찬가지입니다. 여자아이에게는 클리토리스가 남근의 기능을 합니다. 여자아이는 남근이 없지만 남근이 있다고 믿을 수 있습니다. 프로이트는 남자아이와 여자아이 모두 지각을 부정하고 믿음에 완전히 매몰되는 방식으로 반응하면 정신병을 일으킬 수 있다고 말합니다.

이때 아이는 성적 차이를 알지 못합니다. 왜냐하면, 성적 차이를 구분 짓는 유일한 근거점은 바로 남근이기 때문입니다. 남성에게도 남근이 있고 여성에게도 있다면, 아이는 남자와 여자의 차이를 알지 못합니다. 그렇다면 어떻게 해서 아이에게 성차가 도입되는 것일까요? 아이에게 성차를 도입하는 것은 바로 어른의 거세 위협입니다.

아이에게 거세가 부과되면 아이가 과거에 보았던 성기가 없는 존재들에 대한 의미가 다시 씌워집니다. 이전에 아이는 여성에게 보이지 않지만 있다고 믿었다면, 이제 아이는 여성에게 남근이 존재했지만 거세로 인해 떨어져 나갔다고 생각하게 됩니다. 그리고 그 이유는 어른이 금지한 쾌락을 추구했기 때문이라고 생각합니다. 바로 여기서 성차가 도입됩니다. 남성은 남근을 가진 존재고 여성은 남근을 가지지 못한 존재입니다. 남성은 남근적 존재이고 여성은 거세당한 존재로 인식되면서, 아이는 남자와 여자의 차이를 알게 됩니다. 이렇게 성차를 알게 되는 아이는 자신의 성적 만족을 억압하게 됩니다. 그것을 추구했다가는 거세될 수 있기 때문입니다.

반대로 아이가 여성에게도 남근이 있다는 믿음을 지키면 상황은 달라집니다. 아이는 여성을 거세된 존재가 아니라고 생각하기 때문에 거세 위협이 현실이 될 일도 없다고 생각합니다. 따라서 어른에 의해 자신의 성기가 위협당할 일도 없게 되죠. 이렇게 되면 아이는 성도착자로 자라나게 됩니다. 이들은 도착적 성욕을 마음껏 실현하는데, 이는 성적 실천으로 인해 예고되는 그 파국들이 자신에게는 아무런 영향도 미치지 못할 것이라 생각하기 때문입니다. 이것이 바로 도착자에게 벌어지는 일입니다.

〃 도착적 만족과 무의미

📌 프로이트의 설명은 설득력이 있지만 사실 현실을 보면 의문스러운 점들이 생깁니다. 프로이트는 과거에 금지된 충동이기 때문에 그것들이 거세 불안을 유발한다고 설명합니다. 이런 일이 일어나기 위해서는 아이가 적어도 그런 행위들을 했어야 할 겁니다. 그것들이 부모에게 알려지고 부모들이 혼을 낼 때 그게 금지되었다고 생각해야 타당하겠죠. 그런데 상황은 그렇지 않습니다. 어린아이가 어릴 때 그런 행위를 했으리라는 보장을 할 수 없습니다. 설령 그것을 했다 하더라도 부모가 알지 못하고 지나가는 경우도 많습니다. 하지만 이런 경우에도 거세 불안은 발생하고, 주체는 도착적 성욕을 거부합니다. 그렇다면 왜 주체는 도착적 충동을 거부하는 것일까요?

이것을 이해하기 위해서는 먼저 인간의 성생활을 범주화해서 이해할 필요가 있습니다. 도착적 충동 그 자체가 아니라 충동이 의미하는 바가 중요하다는 겁니다. 신경증자가 충동을 금지하는 까닭은 그것이 단순히 비정상적이기 때문이 아닙니다. 주체가 자신의 성욕을 두려워하는 까닭은 거기서 만족감을 얻는다는 사실을 알고 있기 때문입니다. 비정상적인데도 불구하고 그걸 원하고 만족을 얻으니 두려운 것이죠. 신경증자는 바로 이 때문에 성욕을 거부합니다. 그러니까 신경증자가 거부하는 것은 바로 쾌락, 성적 만족이라고 할 수 있습니다.

그러니까 프로이트를 조금 더 확장시켜 이해하자면 이렇습니다. 아이가 금지당하는 것은 단순히 비정상적 성욕이 아닙니다. 비정상적인 행위를 해서 금지당한 것이 아니라 성적 만족을 추구했기 때문에 금지당했다는 겁니다. 즉, 거세 위협은 쾌락을 즐기는 것에 대한 위협이며 거세 불안은 만족을 즐겼다는 사실에 대한 불안입니다. 거세 위협을 수용하고 어른이 되었다는 것은 만족을 박탈당했다는 것을 의미합니다. 스스로 쾌락을 즐기는 일을 자제하고 그것들을 멀리하는 금욕적인 성향을 갖게 되는 것이죠.

그렇다면 신경증적 주체가 모든 만족을 박탈당하는 것일까요? 그렇지 않습니다. 거세 위협을 수용했다 하더라도 모든 주체가 전적으로 만족을 추구하지 못하면서 사는 것은 아닙니다. 왜냐하면, 어떤 만족들은 금지되지만 반대로 어떤 만족들은 허용되기 때문입니다. 바로 성도덕에 의해서 허용되는 쾌락들입니다. 성도덕에 의해 허용되는 행위는 기본적으로 '남근'을 중심으로 조직된 것들입니다. 남근을 가진 남성에게 남근을 이성의 성기에 삽입하게 되는 목적은 정상적인 것으로 간주됩니다. 반대로 여성은 그 남근에 의해서 자극'되거나' 삽입'되면서' 쾌락을 얻는 형태로 변화합니다. 남근의 보유 유무에 따라 능동성과 남근에 의한 수동성으로 성욕이 나눠지게 되고 이것들만이 허락되는 것이죠. 남자아이는 남성적인 형태의 성욕을, 여자아이는 여성적인 형태의 성욕을 갖는 것이 정상이 되는 것이죠.

하지만 남근을 중심으로 한 형태의 성욕이라고 해서 모두 허용되는 것은 아닙니다. 남근적인 관계에 기반을 두고 있다 하더라도 도착적이라 비난받는 경우가 있습니다. 단순히 남근적 쾌락만을 위해서 이성을 만나는 사람은 그들이 특별히 도착적인 행위를 하지 않더라도 변태적이라고 비난받습니다. 바람둥이라거나 성욕이 과하다거나 하는 식으로 비난을 듣게 되죠. 그뿐만 아니라 신경증자는 의미 없는 이성애적인 성관계를 기피합니다. 이것은 신경증자가 만족을 추구하는 일을 기피하기 때문입니다. 이들의 행위는 남근을 삽입하고, 그것에 의해 삽입되는 것입니다. 하지만 이것은 아무런 이유 없이 남근에 의한 만족을 즐기기 위해서 행위했기 때문에 부정적인 것으로 간주됩니다. 즉, 이성애적 실천에 기반을 두고 있다 하더라도 그것의 목적이 만족을 추구하는 데 방점이 찍히게 되면 도착적인 것으로 간주됩니다. 이 성욕은 성기적인 형태의 것이라기보다는 남근적인 형태의 것이죠.

그러니까 도착적인 것, 주체에게 금지된 것이란 단순히 비정상적 형태의 성욕이 아니라 순수하게 만족을 추구하는 것을 말합니다. 신경증자는 단순히 비정상적 형태의 성욕을 가지고 있는 자가 아니라 만족을 금지당한 자입니다. 이는 바로 충동의 도착성 그 자체를 금지한 것이죠. 충동의 목적은 만족을 추구하는 데 있습니다. 만족만 얻을 수 있다면 무엇이든 추구하는 게 바로 충동이죠. 주체에게 금지된 것은 충동의 목적입니다.

❝ 아이를 낳는 것의 의미

✍ 반대로 거세 위협으로 벗어나 있는 정상적인 성욕, 즉 성기적 성욕은 순수하게 만족을 추구하지 않습니다. 정상적 성행위의 목적에는 항상 다른 이유가 붙습니다. 두 가지가 있는데, 바로 사랑과 출산입니다. 이상적 성행위는 서로 사랑하는 사이에서만 해야 한다고 간주됩니다. 그리고 그것은 단순히 쾌락을 추구하기 위함이 아니라 사랑의 결실인 아이를 낳을 수 있기 때문에 비난의 대상이 되지 않습니다. 주체에게 부과된 성도덕은 충동의 목적에 중요성을 둡니다. 성충동의 목적이 단순히 쾌락추구라면 도착적인 것으로, 그 목적이 출산을 위한 것이라면 이상적인 것이 된다는 것이죠.

아이를 낳는 것을 목적으로 성행위를 하는 것은 성적 쾌락을 누렸다는 데서 생기는 죄책감을 완화시킵니다. 왜냐하면, 단순히 쾌락을 즐기기 위해서가 아니라 아이를 낳기 위해서 성행위를 했다고 말할 수 있기 때문입니다. 그렇다면 왜 생식을 위한 성행위는 거세 불안으로부터 면제되는 것일까요? 이것은 바로 종적 차원에서 이바지하는 일이 되기 때문입니다. 아이를 낳는 것은 인간이라는 종을 번성시키는 데 매우 중요한 행위입니다. 만약 아무도 아이를 낳지 않는다면 인간은 사라질 겁니다. 그러니까 주체는 성행위를 통해 쾌락을 얻었지만, 이것이 단순히 개인, 주체로서의 쾌락이 아니라 종적 존재로서, 전체에 이바지하기 위해 한 것이므로 죄책감에서 벗어날 수 있게 되는 겁니다. 말하자면 앞에 내세울 수 있는 대의명분이 있는 것이죠. 실제로 자식들에게 결혼을 강요하는 부모들은 이런 논리를 종종 사용합니다. 자식들이 결혼을 안 하겠다고 하면 '결혼해서 번식을 해야지.'라며 농담조로 이야기합니다.

반대로 도착적 쾌락은 종을 위해서 하는 일이 아닙니다. 아이를 낳을 수 없기 때문입니다. 이것은 주체 자신의 쾌락만을 위한 것이죠. 그래서 비난의 대상이 됩니다. 성경의 교리가 피임을 금지하고 자위를 금지하는 것 역시 마찬가지의 논리죠. 피임을 하거나 자위를 하는 일은 주체의 쾌락을 위한 일이지 아이를 낳는 일이 아닙니다. 바로 이 때문에 도착적 행위를 한다 하더라도 그것이 결과적으로 아이를 낳는 것으로 귀결한다면, 다시 말해서 성기의 합일로서 마무리된다면 그것은 도착적으로 분류할 수 없다고 프로이트는 말합니다. 도착적 행위가 성흥분을 고조시키는 데 사용될 수는 있지만 그 최종적 목적이 출산이라면 엄밀한 의미의 도착적 행위가 아니라고 말하죠.

그러니까 도착적이라는 말의 뜻은 성행위가 성흥분을 고조시키는 데 사용되는 것뿐만 아니라 그 결과 역시 출산이라는 목적과 전혀 관계가 없는 것을 가리킵니다. 동성애 관계는 이성 간의 성관계가 아니기에 불가능합니다. 그뿐만 아니라 많은 도착자들은 직접적인 성기 삽입보다는 도착적 행위 자체를 통해서 만족을 얻습니다. 이를테면 많은 노출증자는 이성에게 알몸이나 성기를 보여주지만, 그것의 목적이 성교가 아니라 단순히 '보여지는 것' 자체에 있습니다. 이런 경우가 진정한 의미의 도착적인 것이죠.

신경증자의 성욕은 도착적 형태를 띠고 있습니다. 무슨 말이냐면 자신의 개인적 만족을 추구하고 싶어하는 경향이 있다는 것이죠. 어떤 다른 이유 없이 순수한 만족을 위해서 행위를 하고 싶어하는 충동들이 존재한다는 것이죠. 하지만 신경증자는 만족을 추구하지 못합니다. 왜냐하면, 앞서 말했듯이 만족을 얻는 일이 주체에게 부정적인 영향을 미치기 때문입니다. 주체는 만족을 만족이라고 경험하지 못하고 불쾌로 경험합니다. 좀 더 정확히 말하자면 만족을 얻을 수 있을 것 같은 상황에서 부정적인 경험을 합니다.

성도덕은 도착적인 성욕을 비인간적이라고 말합니다. 인간적이고 정상적인 성욕은 도착적이지 않은, 그러니까 생식에 기여하는 성욕이라는 거죠. 바로 이 때문에 성도덕은 인간의 성욕을 본능이라고 부르는 겁니다. 동물의 성욕은 본능입니다. 동물은 무분별하게 성행위를 하지 않습니다. 동물들은 쾌락을 추구하기보다 종의 번식을 위해서 성행위를 합니다. 인간의 성욕 역시 이래야 한다는 것이죠. 하지만 이러한 관점이 옳은 것일까요? 그렇지 않습니다. 인간 역시 생식을 위해서 성행위를 할 수 있습니다. 하지만 인간은 순수하게 만족을 위해서 행위를 할 수도 있습니다. 인간과 동물에게 차이점이 있고 인간에게만 존재하는 어떤 독특한 특징들이 있다면, 오히려 그것을 인간적이라고 할 수 있습니다. 그렇기 때문에 도착적인 것은 오히려 너무나 인간적인 것이죠.

충동의 변질

✒ 거세의 또 다른 특징은 바로 인간의 성충동 자체에 변질을 가져오는 것입니다. 대상을 만나고 충동이 활성화되는 경우를 상상해봅시다. 대상에게 리비도가 투자되고 성욕이 활성화되어 흥분하는 상황 말이죠. 이러한 흥분상태는 사실 그 자체로 즐겁습니다. 프로이트는 이 쾌락을 '사전 쾌락'이라고 불렀습니다. 직접적인 성행위를 통해 오는 쾌락 이전에 대상과 조우하는 상황에서 오는 쾌락이기 때문이죠. 그런데 신경증에서는 특수한 일이 벌어집니다. 거세위협이라는 기제가 작동하기 시작하면서 이 사전쾌락의 특성이 변질됩니다. 바로 '쾌락'에서 '불쾌'로 변해버립니다. 그러니까 리비도가 활성화되고 흥분상태가 되면 주체는 즐거움을 경험하는 게 아니라 불쾌함을 느낀다는 것이죠.

이 불쾌함이 '신경증적인 불안'입니다. 왜 불안일까요? 불안하면 어떤 반응들이 나타납니다. 가슴이 뛰고 머리에 압이 차듯이 뭔가 가득 차는 기분이 들고 얼굴이 화끈거립니다. 때로는 숨을 쉬기 어려울 수도 있습니다. 이 신체적인 변화는 성적인 흥분이 일어났을 때 발생하는 변화와 같습니다. 성적으로 흥분해도 숨을 쉬기 어렵고 가슴이 빨리 뜁니다. 또 긴장하게 되죠. 다만 불안과 성흥분 사이의 차이라면, 불안은 고통스럽고 성흥분은 즐겁다는 점입니다.

신경증자는 성적 긴장이 증가하는 상황에서 쾌락 대신 고통을 받습니다. 신경증자가 성적 만족을 누리지 못하는 근본적인 이유가 바로 여기에 있습니다. 신경증자에게 성적 긴장은 애초에 성적 긴장으로 인식되지 않습니다. 신경증자는 그것을 자신을 괴롭히고 고통스럽게 만드는 반응 정도로 여기죠. 이것이 신경증적 불안입니다. 바로 이 때문에 불안은 프로이트에게 매우 핵심적인 주제였습니다. 프로이트는 왜 신경증자에게 성적인 흥분이 쾌락이 아니라 불쾌를 일으키는지 고민을 했고 이것을 이론적으로 해명하기 위해 노력했던 것이죠.

1915년에 프로이트는 쾌락의 변질이 억압 때문에 발생한다고 보았습니다. 억압 자체 때문에 충동의 '질'에 변화가 생긴다는 겁니다. 하지만 프로이트는 이를 1927년에 수정합니다. 불안은 억압 때문에 발생하는 게 아닙니다. 성흥분이 불쾌가 되는 까닭은 그 성흥분이 거세 위협과 연결되기 때문입니다. 성흥분이 촉발되는 상황, 자신의 정신 속에 나타나는 표상이 어른들의 처벌을 상기시키기 때문에 불쾌함이 나타나는 것이죠. 이렇게 생각해봅시다. 성욕이 생겼을 때 그것을 적절히 해소할 수 있는 상황과 연결된다면 흥분은 즐거운 일이 되고 기대되는 일이 됩니다. 하지만 성흥분이 타자의 비난이나 처벌을 의미한다면 당연히 주체 입장에서는 그것이 불쾌한 것이 되겠죠.

거세의 영향 때문에 신경증자는 자신을 괴롭히는 그것이 성충동이라는 사실을 알지 못합니다. 그것이 자신을 불쾌하게 만드는 것은 알고 있지만 성적인 것이라는 사실은 모르는 겁니다. 단지 그것들은 나쁜 일이 됩니다. 주체의 입장에서는 당연합니다. 실제로 불쾌하게 느껴지기 때문입니다. 그렇기 때문에 주체는 스스로 그런 일을 하지 않으려고 하고, 반대로 타자가 그런 일을 하면 비난합니다. 타자가 별거 아닌 일을 해도 주체는 굉장히 '신경질적인 방식'으로 반응할 수 있습니다. 아무렇지 않게 아이의 머리를 쓰다듬는 장면이 참을 수 없이 변태적인 것으로 보일 수 있습니다. 혹은 자신의 성욕을 불러일으킨 대상을 욕할 수도 있는 것이죠. 아름다운 여성을 보면서 성욕이 발생한 신부가 자신을 타락했다고 비난하고, 또 그 여성을 사탄이라고 비난하는 경우입니다.

신경증에서 충동의 질이 변화한다는 것은 매우 중요한 현상입니다. 충동은 양과 질 두 가지로 이루어져 있습니다. 충동의 양은 흥분의 양과 같은 것이죠. 성욕은 차곡차곡 신체에 누적되고 어느 이상 누적되면 방출을 요구합니다. 처음에 프로이트는 충동을 이 관점에서만 접근했습니다. 이런 관점에서 보면 성충동은 말 그대로 성충동입니다. 주체는 그것이 즐거운 것이고 성욕이라는 것을 명백히 압니다. 하지만 적절히 실현시키지 못하면 신경증에 걸린다는 이론입니다. 실제로 성적 좌절은 신경증을 일으킵니다. 하지만 이것은 매우 손쉽게 해결할 수 있습니다. 왜냐하면, 성충동의 질이 변화하지 않았다는 것은 내적인 억압이 없다는 걸 뜻하기 때문입니다. 적절한 대상과 환경만 주어진다면 주체는 만족을 실현할 수 있습니다.

하지만 좀 더 정교한 의미의 신경증에서는 충동의 질 자체에 변화가 생깁니다. 신경증의 경우는 충동의 질 자체가 변화하면서 대상을 찾을 생각조차 못 하게 만듭니다. 주체는 자신의 문제가 성욕에 발생했는지 알지 못합니다. 충동은 주체를 괴롭히고 고통을 주는 무엇인가로 바뀌었습니다. 게다가 주체는 이것을 방출하지도 못하고 계속해서 안에 쌓아두기만 합니다. 충동은 충동인데, 주체를 즐겁게 하는 충동이 아니라 괴롭게 만드는, 주체를 고통에 빠트리는 충동이죠.

바로 이 때문에 프로이트는 새로운 용어를 고안합니다. 바로 '죽음 충동'입니다. 죽음 충동은 쉽게 말해서 쾌락원칙을 위반하는 충동을 말합니다. 쾌락원칙은 양적 감소의 원칙을 따릅니다. 쾌락원칙에 따르면 성흥분을 감소시키면 쾌락이고 증가하면 불쾌입니다. 그리고 쾌락원칙은 쾌락을 추구합니다. 하지만 어떤 충동은 방출되지 못합니다. 만족을 위해서 행위하지 못하고 주체는 그것을 억누릅니다. 그러니 긴장은 누적되게 됩니다. 주체는 계속해서 긴장 상태에 있고 고통에 시달립니다. 쾌락원칙이 지켜지지 않는 것이죠.

그런데 이것이 왜 죽음 충동일까요? 바로 출산, 즉, 삶을 유지하는 데 기여하지 않기 때문입니다. 성도덕에 의해서 옹호되는 이상적 성욕은 쾌락원칙을 따릅니다. 그런데 이상적 성욕의 목적은 출산을 향해있습니다. 그러니까 종을 유지하는 데 기여하는 충동이고, 큰 틀에서 보면 삶과 생명을 유지하는 충동이라고 할 수 있습니다. 그래서 프로이트는 삶의 충동이라고 부릅니다. 하지만 도착적 충동, 주체에 의해 부정적으로 인식되는 충동은 삶에 기여하지 않습니다. 이것은 오히려 주체 개인의 만족을 지향한다는 점에서 삶에 반대합니다. 그래서 프로이트는 이를 죽음 충동이라고 불렀던 것입니다.

죽음 충동의 회귀

✏️ 신경증에서 문제가 되는 충동은 죽음 충동입니다. 프로이트가 도착적이라 불렀던 그 충동들, 생식에 기여하지 않는 충동들이 바로 죽음 충동입니다. 이것이 신경증자들이 사실상 '병들었다.'라고 말할 수 있는 이유입니다. 왜냐하면, 이들은 자신이 실제로 고통을 겪고 있으며, 또 그 고통이 무엇 때문에 생기는지도 알지 못합니다. 성적 긴장은 신경증자에게 너무나 자극적이고 고통스러운 것으로 느껴지기 때문에, 신경증자는 그것을 견디지 못하고 피해 다니기 위해 최선을 다합니다. 심신이 지치는 것은 당연한 일이겠죠.

성도덕은 죽음 충동에게 재갈을 물리려고 합니다. 거세의 법칙은 인간의 문명과 삶을 지키기 위해서 죽음 충동을 억누릅니다. 죽음 충동은 문명을 유지하는 데 도움이 되지 않기 때문입니다. 이로 인해 죽음 충동은 문명의 공격대상이 됩니다. 문명은 인간으로 하여금 쾌락을 향유하지 못하도록 만들죠.

바로 이 때문에 문명 역시 인간이 가진 공격적 충동이 향하는 대상이 됩니다. 자신의 쾌락을 방해하는 대상을 죽이고 싶어하는 걸 이해하기란 어렵지 않습니다. 어린아이는 엄마와의 돈독한 관계를 방해하는 아버지를 보면서 증오합니다. 다른 남자에게 애인을 빼앗긴 남자는 그 남자를 죽이고 싶어 할 수 있습니다. 앞서 보았듯 성도착자들에게서는 공격적 충동이 문명을 향합니다. 성도착자의 날 선 비판의 대상이 되죠.

하지만 신경증자는 다릅니다. 물론 신경증자에게도 공격적 충동은 존재합니다. 하지만 신경증자는 공격적 충동의 방향을 자기 자신으로 돌립니다. 신경증자는 자신이 '병 들었고' '비정상적'이며 잘못되었다고 인식합니다. 자신의 충동이 두렵기 때문입니다. 그러니까 억압하는 작인을 공격하는 게 아니라 쾌락을 추구하려는 자기 자신을 스스로 공격하고 파괴하고 있는 것이라고 볼 수 있습니다.

이러한 일이 왜 벌어지는 것일까요? 이것은 신경증자가 거세의 법에 동일시하고 있기 때문입니다. 그는 그 법의 관점에서 자신을 바라보면서 판단합니다. 법의 관점이 프로이트의 용어법에서 초자아(surmoi)라고 불리는 겁니다. 이것은 무슨 이야기냐면 신경증 환자는 사실 지나칠 정도로 문명화된 존재라는 사실입니다. 사실 주체가 어느 정도 행복하게 살기 위해서는 타협이 필요합니다. 문명의 요구를 충족시킴과 동시에 자신의 만족 역시 추구할 수 있어야 합니다. 하지만 신경증자는 자신의 만족을 거의 완벽하게 문명을 위해서 헌납합니다. 문명이 부과하는 이상적 요구들을 실현시키려고 하는 것이죠. 바로 이 대가로 신경증에 걸리게 됩니다.

이것은 프로이트가 「문명 속의 불편함」이라는 논문에서 이야기했던 내용입니다. 여기서 프로이트는 신경증은 문명의 병이라고 주장합니다. 문명이 있다면 신경증은 존재할 수밖에 없습니다. 왜냐하면, 언제나 문명은 개인의 쾌락을 희생한 대가로 만들어지기 때문입니다. 문명은 인류 공동의 것이기 때문에 사사로운 이익을 추구해서는 문명을 만들 수 없죠. 자신의 만족을 포기하고 모두에게 도움이 되는 것들을 만들 때 문명이 만들어질 단초가 마련됩니다. 가족이라는 문명이 만들어지기 위해서는 각자 뭔가를 포기해야 합니다. 문명은 거세 위에 집을 짓습니다. 이는 특히, 문명화가 잘 된 사람일수록, 그 문명이 고도로 발달할수록 신경증이 발생할 확률이 높다는 것을 의미합니다.

그러니 신경증자는 단순히 문명에 적응하지 못한 어떤 사람이 아닙니다. 바로 문명의 성도덕이 만들어낸 결과물이라고 할 수 있습니다. 즉, 신경증자는 단순히 부모의 거세 위협을 제대로 수용하지 못하고 그것의 위반을 꿈꾸는 반동적인 인물인 것만이 아닙니다. 이들이 위반을 꿈꾸게 되는 까닭은 지나칠 정도로 순응적이었기 때문이죠. 자신의 쾌락을 반납하고 문명의 일원이 되기 위해 모든 쾌락을 포기한 존재입니다. 적당히 반항하고 자신의 쾌락을 지키는 아이가 아니라 모든 것을 내준 존재라는 겁니다. 부모를 너무나 사랑한 나머지 부모를 증오하지 못하고 자신을 비난하는 존재이며, 자신이 빼앗긴 그 대상에 대한 향수를 가진 존재가 바로 신경증자입니다.

개별성의 임상

✒ 신경증을 해결하는 방법은 주체에게 쾌락을 주는 게 아닙니다. 신경증적 주체는 쾌락을 얻을 때 더욱 부정적인 방식으로 반응합니다. 진정한 문제는 쾌락이 아니라 억압입니다. 주체를 완전히 지배하고 있는 그 거세의 원칙들을 벗어날 수 있도록, 억압을 해제하는 것이죠. 문제는 문명이 강요하는 성도덕이 아니라 주체에게 내면화된 성도덕이고 이것으로부터 어떻게 주체를 자유롭게 만들 수 있을 것인가 하는 게 중요한 문제가 됩니다. 이것이 바로 정신분석의 핵심적인 과제입니다. 프로이트는 이미 신경증자에게 성행위를 하도록 종용하는 게 신경증자에게 도움이 되지 않는다는 사실을 너무나 명확히 했습니다.

정신분석에서 주체의 쾌락은 중요한 문제가 됩니다. 주체가 너무나 과도할 정도로 문명을 위해 자신을 희생하기 때문에 고통받는다면, 주체가 자신의 몫을 찾을 수 있도록 도와줘야 합니다. 이를 위해서는 주체화하지 못한 성욕, 주체에 의해서 거부당한 성욕에게 제자리를 찾아주어야 합니다.

이 때문에 정신분석가는 문명의 성도덕을 따르지 않습니다. 도덕이란 결국 거세의 도덕이기 때문입니다. 만약 정신분석가가 도덕적인 관점에서 신경증 환자를 만난다면, 분석가는 신경증자의 만족보다는 성도덕에 부합하도록 만들려고 하게 됩니다. 만약 이렇게 되면 신경증 환자의 상태는 더욱더 악화됩니다. 타인을 향한 폭력이나 자해 같은 돌발행동들이 터져 나오게 됩니다. 너무나 강해진 충동 때문에 주체는 자신의 욕망에 의해 결정하는 게 아니라 충동에 의해 떠밀려가듯이 일들을 저지르게 됩니다. 점점 더 의욕을 잃고 집에만 있고 싶어 할 수도 있죠. 증상적인 행동들은 강해지고 자기 비난이 심해질 수도 있습니다. 거세의 법칙에 의거해서 신경증자를 만나는 일은 환자의 상태를 악화시킵니다.

정신분석의 최대 목적은 행복입니다. 만약 살아있는 것이 너무나 고통스럽고 왜 살아야 하는지 이유를 알 수 없다면, 인생을 사는 데 즐거움이 없다면 이 사람들이 세상을 살아갈 수 있도록 돕는 것이어야 합니다. 이것이 '심리'를 치료한다는 말이 갖는 의미겠죠. 모든 종류의 심리치료는 정신적인 고통을 줄일 수 있도록 돕는 것이 목표가 되어야 합니다. 마찬가지로 분석 역시 분석가를 찾아온 사람들이 행복하게 살 수 있도록 도울 수 있어야 합니다.

그런데 행복은 문명과 타자를 위해서 전적으로 희생하는 데서 오는 행복이 아닙니다. 오히려 신경증의 치료에서 겨냥해야 할 행복은 주체가 자신이 원하는 바를 하면서 살아가면서 오는 행복입니다. 이것은 매우 중요합니다. 왜냐하면, 현대의 심리치료는 거세의 법칙을 수호하는 방향으로 기울어가고 있기 때문입니다. 거세의 법칙을 수호한다는 것은 결국 거세하는 자의 관점에서, 부모나 타인의 관점에서 좋아 보일 법한 사람으로 만든다는 것을 말합니다. 이를테면 동성애자를 이성애자로 치료하는 것이죠. 이런 경우 치료의 목표는 동성애를 이성애로 전환시키는 것이 되겠죠. 하지만 동성애자가 이성애자로 변하는 것은 분석의 끝에 일어날 수 있는 수많은 결말 중 하나입니다. 분석의 끝에서 문제가 되는 것은 바로 주체의 욕망입니다. 주체가 무엇을 원하느냐에 따라 결말의 모습이 정해집니다.

정신분석가는 거세하는 문명의 편이 아니라 주체의 편입니다. 프로이트는 이렇게 말했습니다. "정신분석은 일종의 재교육과 같다"고 말이죠.

정신분석은 부모에 의해 잘못된 방식으로 교육되어서 불만족에 시달리는 사람을 재교육함으로써 자신의 만족을 위해서 살아갈 수 있도록 만드는 겁니다. 이를 위해서 정신분석가는 문명의 성도덕으로부터 자유로워야 합니다. 정신분석가는 도덕적인 관점으로부터 벗어나 모든 주체에게는 각자 즐기는 방식이 있으며 그것을 존중해야 합니다. 정신분석가는 문명의 성도덕을 따르지 않습니다. 분석가가 따르는 것은 바로 주체의 개별성입니다.

6

증상의 논리, 신경증과 도착증

❝ 겉보기 증상에서 증상의 논리로

✒ 현대 사회는 점차 눈에 보이는 것들을 중시하게 되었습니다. 과거의 의사들은 환자의 말을 듣고 진단을 내렸습니다. 하지만 점차 이러한 과정은 사라져가고 있으며 방사선 촬영(X-ray)이나 자기공명촬영(MRI)같이 '보는' 기계들이 들어서고 있습니다. 강단에서도 교수들은 자신의 사상을 말로써 전달하는 대신 한눈에 보기 쉽도록 시청각자료들을 구성합니다. 말로 하자니 복잡하고 이해하기도 어렵기 때문입니다.

인간의 정신 병리를 구분하는 방법도 그렇습니다. 현재 임상에서 가장 자주 쓰이는 정신질환의 진단 및 통계 편람(Diagnostic and Statistical Manual of Mental Disorders: DSM) 증상을 보이는 것들로 구분합니다. 예를 들어서, 어떤 사람이 같은 행동을 반복하는 것 때문에 고통스럽다고 보고한다면 그는 강박장애로 진단받을 겁니다. 우울한 기분을 보고하면 그 사람은 우울증으로 진단받습니다. 물론 DSM의 진단체계가 이처럼 간단한 것은 아닙니다. 하지만 겉으로 보이고 있는 증상에 방점을 두고 있다는 것은 사실입니다.

이런 진단체계에는 누구나 쉽게 진단을 내릴 수 있다는 장점이 있습니다. 그래서 많은 심리학자나 정신의학자들은 DSM을 토대로 진단을 내립니다. 하지만 명백한 단점도 존재합니다. DSM식 진단명을 통해서는 증상을 이해하는 게 불가능합니다. DSM의 진단명은 어떤 현상을 좀 더 그럴듯해 보이고 전문적으로 보이는 용어로 대체한 것에 불과합니다. 충동을 조절하지 못한다면 충동조절장애, 우울하다면 우울증입니다. 밥을 잘 먹지 못하거나 너무나 많이 먹으면 섭식장애가 있는 것이죠.

하지만 눈에 보이는 증상만으로 구분하는 건 사실상 아무런 의미가 없습니다. 신체적으로는 아무런 이상이 없지만 신체적인 증상을 호소한다면 과거에는 히스테리, 요즘에는 전환장애라고 부릅니다. 그런데 흥미로운 사실은 강박 신경증 환자들도 전환장애와 같은 신체화 증상을 호소할 수 있다는 데 있습니다. 과민성 대장증후군이나 변비 같은 항문적 충동과 관련된 증상이 강박증자에게 나타날 수 있습니다. 강박증자는 분명 강박적인 행동과 의례를 반복합니다. 마찬가지로 히스테리 환자 역시 강박적인 행동을 반복할 수 있습니다. 히스테리 환자 역시 같은 종류의 생각이나 행동을 반복하면서 고통스러워 할 수 있습니다.

눈에 보이는 게 전부는 아닙니다. 증상의 이면에는 어떤 구조가 존재하기 때문입니다. 두 사람이 표면적으로 보이는 증상이 같다 하더라도 증상을 형성하는 논리구조가 서로 다를 수 있습니다. 강박 신경증과 히스테리에는 그만의 논리적 구조가 존재합니다. 신경증과 도착증 역시 마찬가지죠. 신경증에서 도착적 환상이나 도착적 행위가 관찰된다고 해서 이들을 진정한 의미의 도착자라고 말할 수는 없습니다. 그 구조가 다르기 때문입니다. 정신 병리에 대한 진단은 증상의 이면에 존재하는 논리구조를 파악하는 게 중요합니다. 왜냐하면, 이것이 바로 주체성을 구분 짓는 근거, 진단적 근거들이 되며 또한, 분석의 전략을 수립하는 데 도움이 되기 때문입니다.

❝ 참을 수 없는 것

📌 증상은 어떤 표상 때문에 발생합니다. 표상, 즉 생각 때문에 발생하죠. 그런데 단순히 생각일 뿐인데 어떻게 증상을 일으킬까요? 그 이유는 바로 그 생각이 고통스럽기 때문입니다. 참을 수 없는 것이죠. 그러니까 단순히 생각 때문에 문제가 발생하는 것이 아니라 그 생각에 얽혀있는 고통이 함께 문제가 됩니다. 생각에 얽혀있는 고통을 프로이트는 '정동'이라고 불렀습니다. 말하자면 증상을 유발하는 참을 수 없는 것은 표상과 정동으로 이루어져 있는 겁니다.

정신분석에서 말하는 생각은 철학자들이 말하는 그것과는 다릅니다. 철학자들이 보는 생각은 어찌 보면 굉장히 차분한 행위입니다. 철학자들에게 생각은 세상을 관찰하고 분석하는 행위입니다. 하지만 정신분석가에게 생각이란 인간을 고통에 빠트릴 수 있는 병인이 됩니다. 생각은 지식을 만들고 세상을 다룰 수 있도록 만들어주는 중립적인 것만이 아니라 인간에게 해를 끼칠 수도 있는 어떤 것이죠.

우리는 이 정동을 흔히 감정이라고 표현합니다. 감정에는 기쁨, 슬픔, 분노 등등이 있죠. 하지만 정동과 감정은 다릅니다. 감정은 정동을 해석하고 거기에 이름을 붙인 것이죠. 어떤 형태의 정동을 가리켜서 슬프다라고 말하고, 반대로 어떤 것은 기쁘다라고 말하는 것이죠. 우리가 감정이라고 말할 때는 감정의 정체를 명확히 이해하고 있다는 걸 전제합니다. 하지만 이것은 적절하지 못합니다. 왜냐하면, 인간은 자신이 느끼는 것을 착각할 수도 있기 때문입니다. 이를테면 나는 매우 슬플 수 있습니다. 하지만 이것이 사실은 슬픈 것이 아니라 다른 사람에 대한 분노를 억누른 결과 때문에 발생할 수 있습니다. 혹은 내가 경험하는 것이 정확히 어떤 종류의 감정인지 헷갈릴 수도 있습니다. 즉, 주체는 자신의 감정을 착각할 수도 있습니다.

하지만 단 하나 착각하지 않는 게 있습니다. 바로 불안입니다. 불안은 확실합니다. 주체는 착각하지 않고 자신이 불안하며 고통받고 있다고 말합니다. 그 불안을 빨리 없애버리고 싶어 합니다. 바로 이 때문에 불안은 증상을 형성하는 데 가장 큰 영향을 미치는 정동이 됩니다. 불안 역시 생각들과 연결되어 있습니다. 어떤 참을 수 없는 표상들이 존재하고 거기에는 불안이라는 정동이 결부되어 있습니다. 이 불안으로부터 회피하기 위해서는 표상에 대한 조작이 가해져야 합니다. 이를테면 표상을 잊는다든지, 혹은 표상의 내용과 반대되는 것들을 생각함으로써 그것의 효과를 낮추려고 한다든지 말이죠.

불안을 일으키는 표상은 크게 두 가지로 이루어져 있습니다. 먼저 첫 번째는 타자의 사랑 상실에 대한 생각이며, 두 번째는 처벌받을 것만 같은 생각에서 오는 불안, 즉 거세 불안입니다. 첫 번째는 타자가 자신을 사랑하지 않을 것 같다든지, 버릴 것 같다든지 하는 생각이 들 때 발생하는 불안입니다. 처벌에 대한 불안은 말 그대로 자신보다 강한 사람으로부터 매를 맞거나 불이익을 당할 것 같은 데서 오는 불안입니다. 혹은 경찰이나 법관처럼 법을 대표하는 인물들이 자신을 잡아가지나 않을까 하는 생각에서 오는 불안이죠. 이 두 가지 불안은 각각 여성적 주체와 남성적 주체에게서 나타납니다. 주로 사랑 상실의 불안은 여성적 주체에게서 나타나며 남성적 주체에게서는 처벌에 대한 불안이 나타납니다.

앞서 말했듯 증상은 이 불안에 대처하기 위해 형성됩니다. 가만히 있으면 너무나 불안하기 때문에 어떤 행위를 해서 그 불안을 해소하고 싶어 하는 것이죠. 즉, 증상은 불안에 대해서 방어하는 기능을 갖습니다. 하지만 증상적 방어 행위는 불충분합니다. 그 이유는 증상을 일으킨 원인인 불안이 계속해서 나타나기 때문입니다. 증상을 통해서 불안을 일순간 해소했다 하더라도 시간이 지난다면 불안이 다시 생겨나고 또다시 증상적으로 방어할 수밖에 없습니다. 바로 이 때문에 증상을 제거하는 건 아무런 효과가 없습니다. 진정한 원인은 불안이기 때문입니다. 치료를 통해 주체에게서 증상을 제거했다 하더라도 문제가 되는 불안이 다뤄지지 않는다면 증상은 또 다른 형태로 나타나기 마련입니다.

증상과 억압된 것의 회귀

✎ 신경증은 외적 자극이 아니라 내적 자극 때문에 발생합니다. 내적인 자극으로서 불안이 나타나고 증상으로 해소하는 것이죠. 그런데 신경증자의 증상은 지속적으로 나타납니다. 이는 신경증자가 지속적으로 불안하다는 것을 말하죠. 그렇다면 불안은 왜 나타나는 것일까요? 왜 신경증자는 불안에서 벗어나지 못하는 것일까요? 이는 어느 날 신경증자가 자신의 억압된 충동과 대면했기 때문입니다. 금지된 충동이 주체의 정신 속에 되돌아오고, 주체는 자신에게 그 금지된 충동이 있다는 사실 때문에 불안해합니다.

이 억압된 것의 회귀는 '상기(remémoration)'이라는 형태로 이루어집니다. 즉, 어느 날 갑자기 새로운 것이 나타나는 게 아니라 과거에 존재했던 것들이 다시금 떠오른다는 것이죠. 신경증적 주체는 과거에 수많은 행위를 합니다. 그중에는 자신의 만족을 위해 행위를 하는 경우도 있죠. 어린 시절 주변인과 성적 장난을 치는 경우가 있고, 단순히 기분이 좋기 위해 동물이나 곤충들을 괴롭히거나 죽이기도 합니다. 혹은 다른 사람의 물건을 훔치거나 파괴하는 경우도 있죠. 이것은 도착적인 만족과 관련된 행위이며 주체는 한동안 이 성적 행위를 즐깁니다. 그럴 수 있는 이유는 주체가 이 행위에 대해서 별다른 생각을 하지 않기 때문입니다. 주체는 그저 그 행위를 좋은 것으로 생각하지 잘못된 것이라고는 생각하지 않습니다. 즉, 성인이라면 존재할 내적 금기가 형성되기 이전이기 때문에 주체는 행위하는 데 있어서 자유로운 것이죠.

자라나면서 성적 만족에 대한 이 기억은 대체로 잊혀지게 됩니다. 동시에 주체의 충동은 상당히 사그라집니다. 성충동이 잠복기에 들어가는 것이죠. 그리고 이 시기 동안 주체에게 성적 금기들이 형성됩니다. 즉, 금지의 법이 내면화되면서 초자아가 형성되는 것이죠. 이렇게 되면서 주체는 이성애적 관계를 추구하게 됩니다. 추후에 사춘기를 지나 성인이 되면서 성욕이 다시 돌아오게 됩니다. 이때는 이미 성적 금지가 형성되어 있고, 따라서 주체는 이성애적 관계를 추구하려고 합니다.

이러는 와중 신경증자는 어떤 사건과 조우하게 됩니다. 이 사건은 과거에 주체가 얻었던 도착적 행위들과 유사한 상황을 보여줍니다. 여기서 주체는 과거에 자신이 만족을 얻었던 기억을 우연히 상기하게 됩니다. 바로 억압되었던 도착적 충동이 돌아오게 되는 것이죠. 이때부터 주체는 그 과거의 기억들에 사로잡히게 됩니다. 주체가 원하지 않는다 하더라도 그 기억들이 계속해서 떠오르게 되는 것이죠. 주체의 충동이 과거에 얻었던 그 만족을 다시금 원하고 있기 때문에 발생하는 일입니다.

하지만 주체는 그 충동을 실현하지 못합니다. 오히려 주체는 자신이 어떤 잘못된 일을 저질렀다는 감각을 갖습니다. 왜냐하면, 이미 초자아가 형성되었기 때문이죠. 주체는 이성애적 충동과는 다른 충동이 존재한다는 사실을 알게 됩니다. 또한, 자신이 그것들을 즐겼다는 사실을 너무나 잘 알게 됩니다. 주체는 자신이 금기를 위반했다는 사실을 알게 되고, 또 자신에게 비정상적 충동이 있다는 사실을 알게 됩니다.

이때부터 신경증적인 불안이 나타납니다. 이 불안은 바로 타자가 자신의 금지된 충동에 대해서 알게 될까 두려워하는 데서 발생합니다. 주체는 만약 그 충동들을 겉으로 드러내게 된다면 자신은 도덕적으로 비난받고 정죄당할 수 있으며, 혹은 버림받을 수도 있다고 생각합니다. 바로 이 생각들 때문에 불안해지는 것이죠.

　주체는 불안에 대해서 대처하기 위해 여러 전략을 사용합니다. 기억들을 정신 속에서 떨쳐내기 위해 방법들을 강구합니다. 바로 이때 증상이 생겨납니다. 주체는 그 생각들을 잊으려 하거나, 그 생각들이 유발될 수 있는 상황들을 피하려고 합니다. 혹은 그 생각들의 내용과는 반대되는 생각이나 행위를 함으로써 그것들을 취소하려고 합니다. 즉, 증상을 통해서 불안을 감소시키려고 하는 것이고 기억과 충동에 대해 방어하려는 것이죠.

　하지만 이 방어는 매우 불완전합니다. 기억이 떠오를 때마다 불안해지게 되고 그때마다 주체는 증상을 통해서 방어하게 됩니다. 그러다 보면 어느 순간부터 증상은 반자동적으로 나타나게 됩니다. 무의식적으로, 습관적으로 반복되는 것이죠. 이때 문제가 생깁니다. 증상적 행위를 반복하는 일이 과거의 기억을 상기시키는 일이 되어버리기 때문입니다. 기억으로부터 방어하기 위해 증상을 사용했는데, 역으로 증상이 기억을 떠올리게 만들어버리는 것이죠. 이렇게 되면 증상을 사용해서 방어하는 일 자체가 주체를 고통으로 몰아넣게 됩니다.

　이것이 증상이 형성되는 과정에서, 주체의 정신에서 벌어지는 내적 과정입니다. 이 과정은 매우 흥미롭습니다. 왜냐하면, 단순히 과거의 일이 현재의 증상을 만드는 게 아니기 때문입니다. 과거의 기억이 증상을 형성하는 것은 맞지만 처음에 이 기억은 아무런 의미를 갖지 못하는 상태로 존재합니다. 심지어 주체는 간혹 그 사건을 기억하기도 하지만 별다른 의미가 없다고 생각하고 중요성을 부여하지도 않습니다. 그런데 어느 순간 주체는 그 사건들이 자신의 도착적인 충동을 표현하고 있다는 사실을 깨닫게 됩니다. 초자아가 형성된 것이죠. 바로 이때 과거의 사건들은 병을 일으키는 원인이 되는 겁니다. 그러니까 신경증은 시간의 논리에 따라 작동하지 않습니다. 과거의 일 때문에 병에 걸린 게 아닙니다. 현재 주체의 상태가 병을 일으키는 데 결정적인 영향을 미칩니다. 즉, 증상의 의미는 사후적으로 결정됩니다.

히스테리, 욕망의 대상 되기

📌 증상은 불안이라는 심적 긴장을 감소시키는 기능을 합니다. 사랑 상실에 대한 불안과 거세 불안을 감소시키기 위해 증상을 만드는 것이죠. 그런데 각각의 주체에게는 모두 불안을 감소시키기 위해 취하는 전략이 있습니다. 모든 주체가 불안에 대해서 동일한 방식으로 대하는 게 아닙니다. 신경증자와 도착증자는 서로 불안에 대해서 대처하는 방식이 다르며, 신경증자들 사이에서도 히스테리 강박증 공포증자가 불안에 대해서 대처하는 방법이 다릅니다. 이것을 알아보기 위해서는 각각의 주체들에게서 나타나는 무의식의 형성물들의 내적 논리를 해부해 볼 필요가 있습니다.

먼저 히스테리의 경우를 살펴보죠. 히스테리증자는 불안을 해소하기 위해 타자가 원하는 대상이 되는 전략을 취합니다. 아주 특이합니다. 왜냐하면, 증상에서 표현되는 것은 주체의 욕망이 아니기 때문이죠. 보통 무의식의 형성물들은 주체의 욕망을 보여준다고 말합니다. 즉, 주체가 원하는 것들을 대신 실현시키는 것이죠. 하지만 히스테리에서는 주체가 바라는 것이 아니라 타자가 바라는 것들이 실현이 됩니다. 그것도 바로 타자가 원하는 대상 그 자체가 됨으로써 말이죠.

『꿈의 해석』에서 나온 푸줏간 여인의 사례는 이를 잘 보여줍니다. 푸줏간 여인의 사례는 이렇습니다. 이 여인이 어느 날 꿈을 꾸었습니다. 이 꿈에서 그녀는 사람들과 저녁식사를 하고 싶었습니다. 그런데 훈제 연어말고는 음식이 없었습니다. 그래서 장을 보기 위해 알아봤는데 일요일 오후라

문을 연 곳이 없었습니다. 물건을 배달하려고 했는데 이것도 쉽지 않았습니다. 전화가 고장났기 때문입니다. 결국에는 저녁식사를 할 수 없게 되었습니다.

프로이트는 이 꿈을 듣고 떠오르는 대로 연상해보라고 주문합니다. 그러니 여성은 다음과 같은 이야기를 합니다. 먼저 여인의 남편은 정육점 주인이었습니다. 그는 지금 다이어트를 하기로 마음먹었습니다. 그래서 저녁만찬 초대에 응하지 않겠다고 했죠. 그리고 그는 최근에 어떤 화가를 알게 되었는데 화가는 남편을 그리고 싶다고 했답니다. 남편은 매우 고맙지만 자신보다 젊고 예쁜 아가씨의 엉덩이가 더 마음에 들 거라고 대답했다고 합니다. 그리고 여주인은 상어알젓, 캐비어를 상당히 좋아했는데, 그래서 남편은 그녀에게 그것을 사다 주고자 했습니다. 그런데 여자는 그러지 말라고 했습니다. 남편을 놀리는 게 재밌다는 이유입니다.

프로이트는 이것만으로는 해석하기가 애매하다고 말합니다. 그래서 여자한테 더 물어봤죠. 그랬더니 그녀는 한 여자친구를 만났다고 말합니다. 그때 남편이 그 여자를 칭찬했습니다. 이 여자친구는 비쩍 말랐는데, 그녀의 남편은 풍만한 몸매를 더 좋아했습니다. 정육점 부인이 그 여자를 만났을 때 이 여자는 살이 찌고 싶다고 했습니다. 그녀는 정육점부인에게 물었습니다. "언제 또 우리를 초대할 거예요? 댁의 음식은 언제나 아주 맛있어요."라고 물었던 것이죠.

이렇게 듣고 나서 프로이트는 다음과 같이 해석했습니다. 만약 꿈에서 만찬을 열게 되면 여자친구가 오게 될 것이고 음식을 맛있게 먹으면 여자친구는 살이 찌게 될 겁니다. 그러면 남편 마음에 들게 됩니다. 남편은 풍만한 여자를 좋아하니까요. 그러니 저녁식사를 열지 않는 게 낫죠. 바로 이것이 꿈에서 나타난 욕망입니다. 여자친구가 살찌길 바라지 않는 욕망입니다. 따라서 만찬을 열 수 없는 상황이 만들어진 것입니다. 결국엔 '여자친구에 대한 질투심 때문에 저녁식사를 열지 않는 꿈을 꾸었다.'라고 말했죠.

그런데 이렇게만 해석하자니 애매한 부분이 있습니다. 꿈에 훈제연어가 나왔습니다. 훈제연어는 그 여자친구가 좋아하는 음식이었습니다. 꿈속에 정육점부인이 좋아하는 상어알젓이 아니라 여자친구가 좋아하는 훈제연어가 나온 것이죠. 여기까지 보니까 다른 해석도 가능하죠. 훈제연어가 나왔다는 건 어떻게 보면 여자가 여자친구의 입장에서 꿈을 꾸고 있다는 게 됩니다. 훈제연어가 있는 집이라면 그 여자친구의 집일 테니까요.

훈제 연어까지 고려해 보면 새로운 해석이 가능해집니다. 그녀는 여자친구 입장에서 꿈을 꿉니다. 꿈속에서는 여자친구가 된 것이죠. 이렇게 되면 좀 더 내용이 복잡해집니다. 먼저 이 부인이 여자친구 입장에서 꿈을 꾼 이유는 그 여자친구처럼 되고 싶었기 때문이라고 해석됩니다. 그리고 이처럼 동일시(identification)를 하게 된 이유는 부인의 남편이 여자친구를 칭찬했기 때문입니다. 남편이 여자친구를 칭찬했다는 건 그녀에게 관심을 가졌단 이야기입니다. 그리고 정육점여인의 입장에서 봤을 때 그 여자친구가 부러웠고 질투가 났습니다. 그래서 그녀는 그 여자처럼 되고 싶었던 겁니다. 그 여자는 말랐죠. 자신은 풍만했고요. 그러니까 그 여자처럼 마른다면 남편이 자신을 좋아하게 될 겁니다. 남편이 자신을 좋아하게 만들기 위해서 그 여자친구처럼 되는 꿈을 꾸고, 또 더 나아가서 훈제 연어말고는 아무것도 먹을 게 없었던 겁니다.

부인의 꿈에서 중요한 인물은 여자친구가 아닙니다. 여자친구보다 더욱 중요한 사람은 바로 남편입니다. 정육점여인이 여자친구처럼 되고 싶었던 까닭은 바로 남편이 좋아하기 때문입니다. 사실 남편을 빼놓고 생각하면 정육점여인이 왜 여자친구처럼 되고 싶어 했는지 의문이 생깁니다. 만약 여자가 남편이 자신을 정말로 사랑한다고 생각한다면 여자친구처럼 되고 싶어 하지 않았을 겁니다. 여자는 남편의 욕망이 자신이 아니라 어딘가 다른 곳으로 향하고 있다는 걸 직감했을 겁니다. 그러니까 남편이라는 타자와 분리될 수도 있는 상황인 것이죠. 그렇기 때문에 그의 욕망을 자신에게 되돌리고 싶어 했을 겁니다. 그리고 그의 욕망을 되돌리기 위해서는 남편이 좋아하는 대상이 무엇인지 알아내고 그것이 되면 됩니다. 그래서 푸줏간 여주인은 남편이 칭찬했던 그 여성과 동일시하고 있는 것이죠.

남편이라는 존재를 빼놓고 해석하면 이 꿈은 동성애적인 꿈처럼 해석될 수 있습니다. 일반적으로 동일시는 사랑하는 대상에게 일어나는 것입니다. 자신이 이상화하고 예찬하는 멋진 대상이 존재할 때 그 대상처럼 되고 싶어하는 것이죠. 그리고 정육점여인에게 여자친구가 이상적 대상처럼 보인다면 이것은 동성애적인 충동 때문이라고 말할 수 있습니다. 우리가 누군갈 사랑한다면 그 대상을 이상화하기 때문이죠. 이렇게 생각하면 정육점여인이 여자친구에 대해 동성애적 욕망을 품고 있다고 해석할 수 있습니다.

하지만 이 해석은 적절하지 못합니다. 왜냐하면, 정육점부인이 여자친구와 동일시하는 까닭은 바로 남편이 개입되어 있기 때문입니다. 남편이 좋아하는 사람이 되기 위해서 여자친구처럼 여자친구처럼 되려는 것입니다. 아무것도 먹지 못한다면 그 여자처럼 살이 빠지게 될 것이고 이러면 남편이 좋아하겠죠. 정육점여인에게 여자친구가 멋져 보였던 것은 동성애적 충동 때문이 아니라 친구가 남편의 대상처럼 보였기 때문입니다. 결론적으로 이 꿈은 남편을 위한 꿈입니다. 남편이라는 타자의 욕망을 이뤄주는 꿈이죠. 쉽게 말해서 남편이 바라는 대상이 되어서 그로부터 욕망되고 싶은 욕망을 나타내는 꿈이죠.

히스테리, 처벌의 욕구

✒ 이런 점에서 히스테리증자의 욕망은 '타자의 욕망을 실현시키는 것이다, 혹은 타자의 욕망을 실현시키기 위한 시도다.'라고 말할 수 있습니다. 타자의 욕망의 대상이 됨으로써 타자의 사랑을 상실하는 일을 없애고 싶어하는 것이죠. 이와 같은 논리가 증상에서도 작동합니다. 히스테리 증상 역시 타자와 분리될 것 같은 상황에서 발생합니다. 하지만 증상과 꿈에는 차이점이 있습니다. 바로 고통의 유무입니다. 꿈은 고통스럽지 않지만 증상은 고통스럽습니다. 이 차이는 어디서 나타나는 걸까요?

『히스테리 연구』에서도 같은 논리를 보여주는 사례가 있습니다. 바로 체칠리 부인 사례입니다. 체칠리 부인은 안면 신경통에 시달리고 있었습니다. 그녀는 신경이나 피부, 뼈 등에는 아무런 문제가 없는데 계속해서 얼굴이 아프다고 호소했습니다. 즉, 히스테리 증상인 것이죠. 프로이트는 이 증상의 이면에 어떤 기억들이 존재할 것이라 가정하고 그것들을 추적했습니다.

어느 정도 치료를 진행하자 증상과 관계되어 있던 기억이 떠올랐습니다. 과거에 이 여성은 자신의 남편과 대화를 한 적이 있었습니다. 문제를 일으킨 것은 대화 내용이었습니다. 그는 대화를 하다가 남편이 한 말에 모욕을 느꼈다고 이야기했습니다. 그러면서 그녀는 자신의 뺨을 만지면서 큰 소리로 당시에 "얼굴을 한 방 맞은 것 같다"고 이야기했죠. 그리고는 증상이 사라졌다고 프로이트는 보고하고 있습니다.

안면 신경통과 체칠리 부인의 호소 사이에는 분명한 연관성이 있습니다. 과거에 남편과의 대화에서 체칠리 부인은 얼굴을 한 방 맞은 것 같은 모욕감을 느꼈습니다. 이 '얼굴을 한 방 맞은 것 같은 모욕감'이라는 표현이 중요합니다. 만약 얼굴을 한 방 맞으면 어떻게 될까요? 얼굴이 아프겠죠. 이것은 그대로 히스테리로 표현됩니다. 얼굴이 아픈 신경증으로 나타난 것이죠. 그러니까 얼굴을 한 방 맞은 것 같은 고통이 안면 신경통을 통해 '상징적'으로 표현되고 있는 겁니다.

그런데 이 사례에는 주목할 부분이 있습니다. 바로 얼굴을 때리고 싶었던 사람입니다. 얼굴을 때리고 싶었던 사람은 누구였을까요? 아내가 때리고 싶었던 것은 아닙니다. 아내는 맞은 사람이죠. 아내가 모욕감을 느꼈다는 점에서 남편이 아내를 때리고 싶어 했을 겁니다. 좀 더 정확히 말해서 아내는 남편이 자신을 때리고 싶어 한다고 해석한 것이죠. 하지만 아내는 맞지 않았습니다. 남편의 욕망은 실현되지 않은 것이죠. 이때 증상을 통해서 아내는 남편의 때리고 싶은 욕망을 실현합니다. 신경증을 통해서 맞은 것처럼 아프게 되었습니다. 즉, 증상이 표현하는 욕망은 바로 아내의 것이 아니라 남편의 것이죠.

체칠리 부인은 남편의 욕망을 거부하는 것이 아니라 실현시킵니다. 그리고 이는 그녀가 남편의 입장에서 생각하고 있기 때문에 벌어지는 일입니다. 남편의 입장에서 보았을 때 뭔가 잘못했으니 남편이 화가 났고, 모욕적인 언사를 했을 것이라 추측하는 것이 가능합니다. 그리고 그 동일시를 거부하지 않는 까닭은 체칠리 부인이 남편이 결론적으로 옳다고 생각하기 때문입니다. 그러니까 체칠리 부인에게 있어 남편은 진리를 말하는 타자이며 그 진리에 따라 부인을 처벌할 수 있는 입장에 있는 권위적이고 더욱 강한 타자입니다. 반대로 부인은 타자로부터 처벌받는 거세된 주체입니다.

체칠리 부인이 이와 같은 태도를 취하는 까닭은 그 포지션 속에서 부인이 만족을 얻기 때문입니다. 처벌하려는 욕망의 기원은 사디즘입니다. 히스테리증자의 증상은 타자의 사디즘적인 충동만족이 이루어지는 상황을 상연합니다. 주체 자신을 사디즘적 층동의 대상으로 제시하면서 말이죠. 달리 말하자면 증상은 히스테리 환자의 마조히즘적 충동을 표현합니다. 즉, 증상이 표현하는 내용들 속에서 주체의 마조히즘적 충동 역시 성취됩니다.

주체는 매를 맞기 위해서 자신을 타자에게 제공합니다. 매를 맞으면 어떻게 될까요? 고통스럽습니다. 증상이 타자의 때리고자 하는 욕망을 실현시키는 것이라면 증상의 고통은 매 맞는 고통이라고 할 수 있습니다. 바로 여기에 히스테리 증상이 고통스러운 이유가 있습니다. 히스테리적 고통은 바로 매 맞는 고통을 상징적으로 실현합니다. 히스테리 환자의 욕망은 타자로부터 처벌받고, 고통받기를 원하는 욕망인 것입니다.

처벌과 사랑

📝 그런데 여기서 의문이 생깁니다. 왜 주체는 스스로 처벌받길 원하는 것일까요? 처벌이 주체에게서 실현된다면, 히스테리 증상이 생기면서 얻을 수 있는 이득은 사실상 존재하지 않는 것처럼 보입니다. 왜냐하면, 앞서 보았다시피 주체는 증상으로 인해 고통받고 있기 때문이죠. 때리는 것이 이득을 주는 건 이해하기 쉽지만 맞는 일이 주체에게 이득을 주리라는 건 상상하기 어렵습니다. 이것을 이해하기 위해서는 좀 더 매를 맞고자 할 욕망을 분석할 필요가 있습니다. 히스테리 환자가 처벌을 위해 자신의 육체를 내어놓는 이유는 바로 이를 통해서 타자와의 분리를 막을 수 있는 일이기 때문입니다. 히스테리 증상으로 얻게 되는 고통이 그보다 더한 어떤 것을 감당하고 방어해줄 수 있기 때문이라는 것이죠.

불안이 발생하기 이전 히스테리 환자는 어떤 행위를 합니다. 이 행위는 타자의 금지를 위반하는 행위인데, 이 때문에 주체는 불안에 시달립니다. 왜냐하면, 주체는 자신이 저지른 일로 인해 타자가 자신을 더 이상 사랑하지 않을 것 같고, 그래서 자신을 버릴지도 모른다는 무의식적인 생각을 하게 되기 때문입니다. 즉, 이 불안은 타자로부터 사랑을 상실할 것 같은 불안, 분리에 대한 예감으로 인해 발생하는 불안인 것이죠. 타자가 자신을 버릴 것 같다는 것은 말하자면 주체에게 관심이 없어지는 것이죠. 주체가 두려워하는 것은 이것입니다. 타자의 관심, 즉 욕망의 방향이 자신이 아닌 다른 곳으로 향하는 겁니다.

바로 이때 타자가 자신에게 화를 내주길 바라는 욕구가 생깁니다. 처벌은 분리를 염두에 두지 않는 행위입니다. 처벌하는 행위는 주체의 행위를 교정하기 위한 것이죠. 타자가 주체를 처벌하려는 것은 주체에게 있는 어떤 것들을 제거하려는 것이고, 그 이유는 그것들을 제거해서 좀 더 좋은 관계를 만들기 위한 것이라고 해석할 수 있습니다. 따라서 처벌은 타자가 화가 나긴 했지만 아직까지 주체를 사랑하고 있다는 것을 의미하게 됩니다. 바로 이 때문에 히스테리 환자는 처벌을 원하게 됩니다. 타자가 자신에게 화를 내고 처벌할 때 주체는 타자가 자신을 사랑하고 있다고 이해하게 됩니다. 타자가 주체를 처벌할지언정 떠나지는 않으니까요. 사랑하니까 혼낸다, 흔히 말하는 '사랑의 매'인 것이죠. 히스테리 환자는 사랑 상실의 불안을 거세로 대체하면서 다룹니다.

그런데 타자가 처벌하는 역할을 하지 않을 수 있습니다. 이렇게 되면 히스테리 환자의 죄책감은 계속해서 커지게 됩니다. 긴장이 증가하고 불안해집니다. 잘못한 일에 대해서 처벌을 받으면 긴장이 사라지지만 처벌받지 못하면 계속해서 불안한 상태에 있어야 합니다. 이런 상황에 처하게 되면 주체는 스스로를 처벌하기 시작합니다. 자기 자신을 비난하기 시작합니다. 자신의 삶, 행위 등을 되돌아보면서 그것들이 잘못되었다고 스스로를 비난하게 됩니다. 이것은 일종의 자위적 행위이죠. 타자가 해주지 않으니 스스로 처벌하는 겁니다. 이게 바로 증상적 고통이고 죄책감입니다. 히스테리의 증상은 처벌의 욕구를 표현합니다. 이는 히스테리 환자의 무의식이 처벌에 집착하고 있다는 것을 보여줍니다.

강박증, 속죄의 의식

✏️ 강박증은 이와 유사하지만 조금은 다른 구조를 갖습니다. 강박증에서도 처벌받을 것 같은 생각, 처벌의 욕구는 매우 중요한 역할을 합니다. 즉, 과거에 한 일 때문에 거세당할 것 같은 불안이 발생합니다. 이때 주체에게서는 마찬가지로 처벌받고 싶어하는 욕구가 나타나죠. 하지만 강박 신경증은 처벌의 욕구에 대해서 반대하는 증상을 형성합니다. 히스테리 환자가 처벌을 원했다면 강박증 환자는 그 처벌을 피해가려는 전략을 만듭니다.

「쥐인간」 논문에 실려있는 사례입니다. 쥐인간 본인은 아니고 그가 보이는 증상의 구조를 설명하기 위해 프로이트가 예로 드는 사례입니다. 쥐인간도 강박 신경증적인 구조를 갖고 있고, 사례로 제시되는 남성 역시 강박 신경증적인 특성들을 보인다는 것이죠. 사례의 내용은 다음과 같습니다. 이 남성은 프로이트에게 치료를 받았었는데, 치료를 지불할 때마다 항상 깨끗한 지폐를 주었습니다. 프로이트는 관공서에서 매번 새 지폐를 받아오는 줄 알았는데, 알고 보니 남자는 항상 지폐를 깨끗하게 다렸던 것이죠. 프로이트가 이유를 묻자 남자는 프로이트에게 지폐는 매우 지저분하기 때문에 받는 사람에게 해를 줄 수 있다는 것이며 다른 사람에게 해를 입히지 않는 것이 자신의 양심의 철칙이라고 말합니다. 프로이트는 이것이 그의 신경증이라는 사실을 눈치챕니다. 강박적인 행동이죠. 그래서 프로이트는 그의 성생활에 대해서 물어보게 됩니다.

그랬더니 그 남자는 이렇게 이야기합니다. 그는 몇몇 아는 집의 여자아

이들을 시골구경을 한다고 데리고 나갑니다. 그리고 기차를 놓쳐서 숙박할 수밖에 없는 상황을 만들고 방을 잡습니다. 그리고 아이들이 잠들면 아이들의 성기를 손으로 만진다고 합니다. 프로이트는 그 말을 듣고 '당신이 더러운 손으로 아이들에게 해를 끼치는 것이 아니냐?'라고 묻습니다. 이것은 해석이죠. 그러니까 환자는 무의식적으로 자신이 자신의 손으로 아이들을 더럽히고 있다고 생각하고 있다는 겁니다. 그랬더니 남자는 버럭 화를 내면서 아이들도 즐겼고 어떤 아이들은 결혼도 했다고 말하면서 해를 입은 아이는 아무도 없다고 말합니다. 즉, 해석을 거부하는 것이죠.

프로이트는 왜 이런 방식으로 해석했던 걸까요? 손과 지폐는 매우 인접해 있죠. 지폐는 손으로 잡는 대상입니다. 그러므로 지폐가 더러워졌다는 것은 손이 더럽다는 걸 뜻합니다. '자신의 손으로 만진' 지폐가 다른 사람에게 넘어가면 그 사람에게 해를 입힐 수 있는 것이고, 그 해를 방지하기 위해서 지폐를 깨끗하게 다린다는 논리가 성립합니다. 그러니까 그는 자신의 손이 더럽다는 생각을 하고 있는 것이죠. 그런데 그는 그 손으로 여자아이들의 성기를 만졌습니다. 손으로 만진 지폐가 더러워졌듯이, 여자아이들 역시 더러워졌을 수 있죠. 즉, 해를 끼칠 수 있는 겁니다. 근데 남자는 여자아이들을 만졌으니까 타인에게 해를 끼치지 않는다는 그의 양심을 어긴 게 됩니다. 따라서 죄책감이 생기겠죠. 프로이트의 해석은 남자가 느끼고 있는 이 죄책감을 겨냥한 겁니다.

하지만 이 남자는 죄책감을 느끼지 않는 것처럼 보입니다. 오히려 자신은 아무런 잘못이 없다고 이야기하죠. 어떻게 해서 이런 일이 발생했는가를 생각해보아야 합니다. 스스로 해서는 안 된다고 생각되는 일을 했는데 죄책감이 느껴지지 않습니다. 이는 바로 증상적 행위를 통해서 죄책감을 씻어냈기 때문입니다. 자신이 타인에게 해를 입힐 수 있는 행위를 한 만큼 타인을 배려함으로써 죄책감을 덜어냅니다. 이것이 지폐를 다리는 이유입니다. 아무도 신경 쓰지 않는 지폐를 깨끗하게 만든다면 자신이 아주 양심적이라는 생각을 할 겁니다. 여기에 더하여 자신은 아주 세심하고 타자를 잘 배려하는 좋은 사람이라고 생각하겠죠. 그러니까 강박적인 행위를 통해서 아이들에 대해서 느꼈던 죄책감을 씻어내고 있는 겁니다. 죄책감이 느껴지지 않는 것뿐만 아니라 아주 배려심 깊은 사람이라는 생각에서 오는 나르시시즘적인 만족감도 있게 됩니다.

이것은 강박적 행위, 강박증이 갖는 아주 독특한 방어기제입니다. 강박증자는 과거에 했던 일들에 대한 과오를 씻기 위해서 현재 어떤 일들을 합니다. 말하자면 강박증은 속죄하는 방식으로 불안을 피하려고 합니다. 가장 대표적인 것이 바로 손 씻기죠. 이를테면 손으로 자위행위를 했다고 하면, 그 더러움을 씻기 위해서 계속해서 손을 씻을 수 있습니다. 다른 사례도 있습니다. 과거에 자신의 자식을 잘못 보살폈다는 죄책감에 시달렸던 어머니가 있었습니다. 실제로 아이가 매우 어렸을 때 아이는 큰 사고를 당했습니다. 어머니는 자신이 제대로 아이를 보살피지 못했기 때문에 사고가 났다고 생각했습니다. 이 어머니는 아이가 커서도 끊임없이 뭔갈 해줘야 한다는 생각에 시달렸죠. 바로 이 때문에 어머니는 아이가 원하건 원하지 않건 자신이 해줄 수 있는 일들은 모두 해주려 했습니다. 그러니까 나중에 잘해줌으로써 과거의 죄책감에서 벗어나려고 하는 겁니다. 하지만 과거에 했던 일 자체를 없던 것으로 만들 수는 없죠. 따라서 계속해서 주체는 그것을 반복할 수밖에 없습니다.

히스테리와 차이가 명백합니다. 히스테리의 증상에서는 처벌의 욕구가 실현됩니다. 하지만 강박증에서는 처벌의 욕구가 현실화되는 것에 대해서 주체가 방어합니다. 강박적인 의례행위는 처벌이 일어나는 것을 방지하는 기능을 하는 것이죠. 그러나 강박증자는 죄책감에 짓눌려 있고, 그 죄책감을 자극하게 되면 굉장히 쉽게 폭발적인 반응을 보입니다. 위 사례에서 남자가 그랬던 것처럼요. 죄책감이 커다란 만큼 강박증자의 속죄 행위는 거의 평생을 거쳐서 지속됩니다.

" 공포증, 불안의 회피

📝 그렇다면 또 다른 신경증인 공포증에서는 어떤 일이 벌어질까요? 공포증에서 처벌의 욕구는 어떤 식으로 다뤄질까요? 공포증에서도 처벌받을 것 같은 불안이 발생하는데 이 불안은 외부에 존재하는 구체적인 하나의 대상에 가서 부착됩니다. 그저 불안한 게 아니라 외부의 대상과 조우하는 경우에 참을 수 없는 불안이 나타납니다. 이를테면 가위가 두렵다든지 혹은 길을 지나가는 강아지가 두렵다든지 하는 것이죠. 공포증자는 이 대상을 회피함으로써 처벌당할 상황을 피하려고 합니다.

프로이트의 '꼬마 한스' 사례는 공포증의 기제를 잘 보여줍니다. 5살배기 꼬마 한스는 말 공포증이 있었습니다. 말을 두려워했던 것이죠. 그런데 막연히 말을 두려워했던 것이 아니라 매우 구체적인 말들을 두려워합니다. 한스는 입가가 시커먼 말들을 두려워했습니다. 게다가 그 말들이 자신을 물거나 혹은 말들이 쓰러지는 것을 무서워하죠. 프로이트가 분석을 통해서 밝혀낸 사실은 이 말들이 아버지를 의미한다는 것입니다. 입가가 거뭇한 말이 아버지를 연상시키는 것이죠. 아버지 역시 수염이 나 있었기 때문입니다. 말은 아버지를 전이시킨 대상인 것이죠. 말하자면 한스는 원래는 아버지를 두려워했는데, 이 두려움이 아버지가 아니라 말로 이동했다는 겁니다.

한스가 아버지를 두려워했던 이유는 무엇일까요? 한스가 어머니를 사랑했기 때문입니다. 사실 한스의 입장에서 어머니를 향한 사랑은 금지된 사랑입니다. 이유인즉, 어머니는 아버지와 커플이기 때문입니다. 한스가 어머니를 사랑하고, 또 어머니가 한스를 잘 보살펴줄수록 한스의 불안은 커지게 됩니다. 이것은 아버지의 여자를 빼앗는 일이 되고 바로 아버지로부터 처벌받을 것 같은 두려움이 발생하게 됩니다. 게다가 이와 동시에 아버지를 향한 증오도 있습니다. 왜냐하면, 한스는 어머니를 좋아했는데 아버지가 그 사랑의 방해꾼이기 때문입니다. 따라서 방해꾼을 제거하고 어머니를 손에 넣고 싶었던 것이죠.

프로이트는 한스의 이 상태를 가리켜 양가감정이라고 말했습니다. 양가감정이랑 사랑과 증오가 동시에 한 대상을 향하는 걸 말합니다. 어떻게 사랑과 증오가 한 대상을 향할 수 있을까요? 좋아하면 좋아하는 거고 싫어하면 싫어하는 것이라고 생각하기 쉽지만 사실 그렇지 않습니다. 한스가 어머니와 근접할수록 불안하다는 사실은 이미 아버지의 금지를 받아들였다는 것을 의미합니다. 즉, 그는 아버지의 입장을 고려할 줄 아는 것이고, 어떤 일을 하면 아버지가 좋아하고 싫어할지 안다는 것이죠. 이렇게 아버지의 법을 받아들였다는 것은, 당연하게도 아버지를 좋아하니까 가능한 일이겠죠. 하지만 이와 동시에 한스는 어머니와 가까워지길 원합니다. 아버지는 방해자니까 미워하는 감정도 생기게 됩니다.

그런데 어머니와 가까워질수록 한스의 불안은 커집니다. 히스테리나 강박증과 마찬가지로 공포증에서 역시 거세 불안을 독특한 방식으로 다룹니다. 바로 불안을 일으키는 대상을 외부의 어떤 것으로 설정하는 겁니다. 한스의 경우에는 말이었습니다. 공포증자마다 공포증의 대상은 다릅니다. 예를 들면, 가위나 칼 같은 날붙이일 수도 있고 강아지나 비둘기 같은 동물일 수도 있습니다. 혹은 곤충일 수도 있죠. 공포증자의 역사에 따라서 공포증의 대상은 변화됩니다. 하지만 공통점이 있다면 참을 수 없는 불안을 일으키는 구체적인 대상이 외부에 존재한다는 사실입니다.

공포증에서는 왜 이런 기제가 작동하는 걸까요? 바로 불안을 회피할 수 있기 때문입니다. 불안은 닥쳐올 어떤 것에 대한 불안입니다. 타자가 자신을 버릴지도 모르고, 처벌할지도 모릅니다. 그러니까 주체는 그것이 언제 일어날지 몰라서 전전긍긍한 상태에 빠지게 됩니다. 이것을 견디기란 힘들겠죠. 계속해서 불안하다면 견딜 수 없을 겁니다. 그런데 이때 불안을 일으키는 대상을 구체적으로 한정해본다고 해봅시다. 만약 한스처럼 불안을 일으키는 대상이 말로 한정된다면 이때부터 불안은 통제 가능해집니다. 말을 만날 때는 두렵지만 말을 만나지 않을 때는 두렵지 않습니다. 즉, 말만 피하면 심리적으로 안정감을 가질 수 있습니다. 그래서 공포증이 작동하기 시작하면 불안을 피하는 게 가능해집니다. 이것이 공포증이 갖는 '이점'입니다.

도착증과 위반

✏️ 신경증 증상은 주체에게 부과되는 불안 때문에 발생합니다. 신경증자들은 불안을 완화시키려고 합니다. 반대로 어떤 사람들에게는 마치 불안이 없는 것처럼 보입니다. 사람들을 무자비하게 이용하고 괴롭히는 사디스트에게 죄의식이 없어 보입니다. 노출증자에게는 마치 수치심이 없는 것 같습니다. 즉, 성도착증자에게는 거세 불안이 없는 것처럼 보입니다. 이들은 내적으로 억압되어 있지 않은 것처럼 보이며 무조건적이고 즉각적인 만족을 추구하는 것처럼 보입니다. 신경증자가 불안에 시달리며 그것을 피하기 위해 충동을 억압하고 증상을 형성하는 반면에 도착자에게는 거세 불안이 없으니 자신의 충동을 마음껏 실현하는 것처럼 보입니다.

하지만 이것은 사실이 아닙니다. 도착자들 역시 죄책감이나 수치심, 즉 거세 불안을 느낍니다. 이들은 자신들이 잘못하고 있다는 사실을 알고 있습니다. 그런데 어떻게 해서 도착자들은 신경증자들이 할 수 없는 그러한 행위를 하는 것일까요? 그 이유는 바로 도착증의 내적인 논리에 있습니다. 바로 도착증은 거세 불안을 위반하고 가로지르는 것 자체를 목적으로 하며 거기서 만족을 얻습니다. 신경증자들이 불안을 느끼는 상황에서 도착자들은 만족을 느낀다는 것이죠. 바로 그 이유 때문에 도착자는 거세 불안을 개의치 않으며 그것들을 극복하려는 행위들을 합니다. 이것이 신경증과 도착증을 구분 짓는 진단적 준거점이 됩니다.

도착증의 논리를 예를 들어 설명해보겠습니다. 물건을 훔치려면 불안합니다. 다른 사람들이 나를 감시하는 것 같죠. 불안이 발생합니다. 신경증자라면 여기서 대부분 멈춥니다. 훔치려는 마음 자체를 나쁜 것이라고 생각합니다. 하지만 그 시선에 놓여 있음에도 불구하고 훔치는 사람들이 있습니다. 게다가 훔치고 나서 죄책감에 시달리는 것이 아니라 자신이 영웅적인 행위를 했다고 생각하면서 뿌듯해합니다. 다른 사람들의 감시의 시선으로부터 벗어나서 뭔갈 훔쳐낼 만큼 능력이 뛰어나다는 것을 증명했다고 생각하는 것이죠.

즉, 도착적 주체는 그 도둑질이라는 위반의 행위를 통해서 자신이 거세 불안으로부터 벗어나 있다는 사실을 증명합니다. 만약 두려움 때문에 행위하지 못한다면, 자신이 약한 존재, 즉, 거세당한 주체라는 사실을 인정하는 게 됩니다. 도착자는 거세를 부정합니다.

마찬가지로 이들은 억압된 기억들이 되돌아오고 자신의 충동을 깨달을 때 그 충동을 불안 때문에 억압하지 않습니다. 충동을 억압하는 일은 자신의 패배를 인정하는 것, 거세를 인정하는 것이 되기 때문입니다. 바로 이 때문에 도착자는 충동이 되돌아오면 그것들을 더욱 즐깁니다. 이들은 불안과 대결하면서 자신이 거세되지 않았다는 사실을 증명하려고 합니다. 그리고 그 승리의 기념비가 바로 도착증 증상입니다. 그러니까 도착적인 증상은 거세 위협으로부터 승리하는 것을 목적으로 합니다.

이것은 전이에서도 명확하게 드러납니다. 신경증자는 거세 불안 때문에 억압된 이야기들을 잘 꺼내지 못합니다. 그것들이 떠올랐다 하더라도 쉽게 말하지 못합니다. 수치심이 들기도 하고, 분석가가 자신을 비난할지도 모른다는 생각, 즉 죄책감을 경험하기 때문입니다. 이것은 신경증자들이 거세를 인정했다는 것을 보여줍니다. 하지만 도착자는 다릅니다. 프로이트의 논문 중에 페티시즘을 다루는 논문이 있습니다. 프로이트는 자신의 페

티시즘에 대해서 아주 자랑스럽게 말한 한 남성 환자를 소재로 논문을 시작합니다. 프로이트가 이 논문을 이렇게 시작한 데는 그만한 이유가 있죠. 왜냐하면, 신경증자들과 비교했을 때 아주 독특한 태도를 보였기 때문입니다. 신경증자들은 할 수 있는 얘기를 합니다. 신경증자는 굉장히 오랜 기간 분석을 해도 성적 만족과 관련된 얘기는 잘 하지 못합니다. 그 이야기를 어렵사리 한다고 해도 굉장히 불안해하거나 수치스러워합니다. 이와는 반대로 이 도착자는 신경증자라면 하지 못할 이야기들을 아주 쉽게 털어놓았던 겁니다. 그것도 아주 자랑스러운 태도로요. 그러니 프로이트가 보기에는 매우 흥미로웠던 것이죠.

도착자들의 주된 전략, 이들의 목표는 거세 불안에 대해서 승리하는 겁니다. 인생의 전반을 이것에 바치죠. 신경증자의 입장에서 보면 도착자는 매우 매혹적으로 보이고 또 두려움과 경탄의 대상이 됩니다. 왜냐하면, 신경증자가 짓눌려있는 불안을 도착자는 겪지 않는 것처럼 보이기 때문입니다. 도착자가 죽음과도 같은 절대적인 불안에 맞선다는 건 틀림없는 사실입니다. 바로 이 때문에 도착자의 충동이 사회적으로 승화되는 경우 굉장히 '영웅적인 면모'처럼 보이기도 합니다. 위험하기 때문에 남들이 쉽게 나서지 못하는 상황에서 도착자들이 나서기 때문인데, 이는 마치 숭고한 희생처럼 보입니다. 도착자들은 신경증자들이 하지 못하는 행위를 합니다. 바로 이 때문에 도착자들에게는 불안이 없는 것처럼 보이는 것이며 그 불안의 변형된 표현인 죄책감이나 수치심 역시 없는 것처럼 보이는 것이죠.

하지만 도착자는 거세 불안을 경험합니다. 도착자의 목적은 거세를 위반하는 데 있기 때문입니다. 만약 거세가 없다면 위반할 것도 없습니다. 그래서 역설적으로 도착자들은 거세를 매우 필요로 하고 있으며 이 역시 너무나도 잘 알고 있습니다. 신경증자는 도착자가 자신들에게는 없는 용기가 있다고 부러워하지만, 도착자들 역시 불안에 시달리는 것은 사실입니다. 하지만 신경증자와의 차이점이라면 불안에 대처하는 방식입니다. 신경증 증상은 '견딜 수 없는 것'을 회피하는 기능을 합니다. 히스테리는 사랑 상실을, 강박증과 공포증은 거세를 회피하기 위한 전략이죠. 반대로 도착증의 증상은 견딜 수 없는 것을 회피하는 것이 아니라 그것과 맞대응하는 방식으로 이루어져 있습니다. 도착자는 거세 위협에 '도전'합니다. 신경증자가 불안한 상황을 피하고, 그것을 보지 않으려고 한다면 도착자는 그러한 상황을 찾아다니는 것이라고도 할 수 있을 겁니다. 불안과 대면하고 그것을 극복하는 것 자체가 도착적 전략의 핵심입니다.

〝환상의 전도

✎ 신경증 환자들에게도 도착적 환상이 존재합니다. 즉, 위반에 대한 환상이 존재합니다. 이것은 도착자도 마찬가지죠. 바로 이 때문에 환상이라는 수준에서만 바라보면 신경증과 도착증을 구분하기 힘듭니다. 이를 구분하기 위해서는 신경증과 도착증의 환상을 면밀하게 분석해보아야 합니다. 왜냐하면, 같은 내용의 도착적 환상이라 할지라도 아주 다른 논리에서 작동하기 때문입니다. 정확히 신경증에서 성환상의 공식은 도착증에서는 뒤집어져 있습니다. 위반이라는 측면을 제외하고도 '환상의 전도(inversion du fantasme)'가 매우 중요합니다.

이것을 말하기에 앞서 불안을 일으키는 대상에 대해서 이야기해야 합니다. 인간에게 불안을 일으키는 대상은 크게 시선이 있습니다. 내가 나쁜 일을 하려고 할 때 누군가 나를 바라보고 있다는 생각이 들면서 불안해지는 경우가 있죠. 바로 여기에는 타자의 시선이 존재합니다. 나를 주시하고 바라보는 시선은 주체를 불안하게 만듭니다. 편집증자에게서 가장 잘 나타나죠. 정부기관이나 신이 나를 감시하고 있다는 망상에서 시선은 불안을 유발하는 대상으로서 기능합니다.

시선이 겨냥하는 것은 바로 자아가 감추고 있는 무의식적인 충동들입니다. 주체는 시선과 대면하면서 그 대상들의 담지자인 타자가 무엇인가를 알고 있다고 생각하게 됩니다. 그러니까 주체는 타자가 주체의 불법적 충동들과 행위에 대해서 알고 있을 것으로 생각하죠. 그러니까 금지된 것들이 존재할수록 주체는 시선 앞에서 불안에 시달리게 됩니다. 바로 이 때문에 신경증에서 타자의 시선은 억압을 일으키는 원인이 됩니다. 억압하도록 강요하는 제3자의 시선은 만족을 얻는 데 문제를 일으킵니다. 예를 들어 성관계를 하고 있는데 누군가 보고 있다고 생각하면 즐거움을 얻기 어려울 수 있죠. 어떤 남성들은 자위를 할 때는 발기가 잘되지만 타자와 성관계를 하려고 하면 발기가 되지 않는다고 말합니다. 이는 충동의 활동을 억압하도록 만드는 시선이 자신의 앞에 존재하기 때문입니다. 따라서 신경증적인 주체들은 타자의 시선으로부터 벗어나기를 원합니다. 자신을 옭아매고 억압하고 가둬두기 때문이죠.

시선은 주체를 대상으로 만듭니다. 바라보는 자는 타자이고, 보여지는 대상은 주체가 됩니다. 그러니까 시선에 노출될 때 생겨나는 불안은 대상으로 전락하는 것에 대한 불안이라고도 볼 수 있습니다. 타자가 마음대로 할 수 있는 대상이 되어버리는 것이죠. 정신분석학사에서 이 시선을 견딜 수 없는 것으로 규정한 첫 번째 인물은 바로 프로이트였습니다. 프로이트가 카우치를 사용했던 이유는 환자가 자신을 몇 시간이고 바라보는 것을 참을 수 없었기 때문입니다. 반대로 카우치를 사용한다는 것은 주체가 타자의 시선으로부터 자유로운 상태에서 뭔가를 이야기할 수 있게 된다는 것을 뜻하죠. 이것이 의미하는 바는 신경증자가 자신의 주체성을 유지하길 원한다는 사실입니다. 신경증자는 타자의 시선에 의해 겨냥되는 대상이 아니라 세상을 바라보는 주체이기를 원합니다.

하지만 도착자에게서는 다르죠. 도착자의 위반행위는 제3자의 타자의 시선에 노출될 때에만 의미를 갖습니다. 왜냐하면, 타자의 시선은 바로 주체를 거세하려는 것들이기 때문입니다. 주체가 그 시선 앞에서 도착적 행위를 한다면, 이것은 거세를 위반했다는 것, 즉 거세로부터 진정한 승리를 거뒀다는 것을 의미합니다. 주체는 행위 때문에 처벌받을 것 같지만 타자는 실제로 처벌하지 않고 무력한 시선으로 바라봅니다. 혹은 주체를 부러움이나 질투 어린 시선으로 바라보기도 합니다. 도착자는 이 무력한 타자의 존재 앞에서 쾌락을 느낍니다. 즉, 도착적 행위는 제3자의 시선과 목소리를 통해서만 완성되며, 따라서 도착자는 이것을 필요로 합니다. 말하자면 도착자는 타자에 의해 보여지는 대상이 되길 원합니다. 즉, 이들은 주체가 아니라 대상의 자리를 차지하기를 원합니다.

이것을 가장 대표적으로 드러내는 사례가 바로 노출증입니다. 노출증의 핵심은 '타자'에게 자신의 성기나 나체를 보여주는 것입니다. 자신과 친밀한 성적 관계에 있는 누군가에게 그것을 보여주는 게 아니라 잘 알지 못하는 낯선 사람에게 보여주는 것이죠. 신경증자는 낯선 타자가 존재하면 그 시선을 고발하는 시선이나 비난의 시선으로 느낍니다. 그렇기 때문에 노출증에 대한 환상이 있다 하더라도 쉽사리 전시적 행위를 하지 못하고, 한다 해도 굉장한 불안에 시달립니다. 반대로 도착적 노출증자는 타자의 그 시선이 자신에게 아무런 영향도 미치지 못한다는 사실을 잘 알고 있는 경우가 많습니다. 오히려 타자는 아무런 반응도 보이지 못하고 굳어버리거나, 경악하죠. 도착자를 즐겁게 만드는 것, 노출행위에 방점을 찍는 것은 바로 그 타자의 놀라는 반응, 시선입니다.

물론 노출증자만이 타자에게 자신의 행위를 개방하는 게 아닙니다. 인터넷에는 자신들의 성행위를 촬영해서 기꺼이 타자에게 공개하는 사람들을 볼 수 있습니다. 매우 도착적인 행위들부터 정상적인 이성애적인 성관계 영상들까지 다양합니다. 이들은 자신들의 행위를 타자에게 개방하면서도 불안에 시달리지 않습니다. 오히려 즐거워하죠. 이것들은 분명 신경증자들이 보이는 태도와는 다릅니다. 신경증자는 자신의 성관계 영상이 타자에게 공개되면 거의 삶이 파탄 날 정도의 불안에 시달리는 경우가 많습니다. 그렇기 때문에 어떻게 해서든 과거의 흔적들을 지우려고 합니다. 이렇게 다른 반응이 나오는 이유는 도착증자의 구조가 신경증자의 그것과는 다르기 때문입니다. 신경증자는 타자의 시선을 피하며 주체로서의 위치를 지킵니다. 하지만 도착증의 핵심은 자신들의 위반행위를 타자에게 보여지게 만드는 것입니다. 즉, 대상이 되기를 원한다는 것이죠.

신경증과 성도착증은 환상이라는 측면에서는 매우 유사해 보입니다. 또 신경증자 역시 성도착적 행위들을 하기 때문에 환상과 행위화라는 측면에서만 보면 신경증과 도착증을 구분할 수 없습니다. 즉, 현상적으로 드러나는 것만 보아서는 알 수 없다는 것이죠. 도착증과 신경증을 구분하기 위해서는 그 도착적 내용과 행위들이 타자와의 관계 속에서 어떤 방식으로 드러나느냐를 보아야 합니다. 환상의 내용이 아니라 환상이 표현되는 방식에 주의를 기울여야 합니다.

세부에 주목하기

✒ 지금까지 신경증의 증상구조와 도착증의 증상구조, 그리고 이 둘 간의 차이점이 무엇인지 살펴보았습니다. 이것의 목적은 증상이라는 것이 단순히 겉으로 보이는 모습만으로는 알 수 있는 것이 없으며 그 이면에서 작동하는 구조가 굉장히 복잡하다는 것을 보여주기 위함입니다. 겉모습이 유사해 보인다고 해서 그 이면에 존재하는 게 무엇인지는 알 수 없습니다.

우리가 자세하게 현상을 관찰해보면 모두 차이가 있다는 사실을 알 수 있습니다. 예를 들어서 동성애자라고 할지라도 아주 세밀한 차이가 있습니다. 남성동성애자의 경우, 남성적인 태도를 보이면서 여성적인 대상을 찾는 동성애자가 있을 수 있죠. 또 남성적인 태도를 보이면서 남성적인 대상을 찾는 동성애자도 있습니다. 반대로 여성적인 태도를 보이면서 남성적인 대상을 찾는 사람도 있죠. 이뿐만 아니라 자신의 동성애에 대해서 부정적인 태도를 보이는 사람이 있는가 하면, 아무런 죄책감 없이 그것을 즐기는 사람도 있습니다. 겉으로 보면 남자가 남자를 좋아합니다. 다 똑같아 보이죠. 하지만 조금만 자세히 살펴보면 이들은 모두 다르다는 사실을 알 수 있습니다. 그리고 우리가 이 세부적인 차이에 주목하고 그것이 어떻게 해서 차이가 발생했느냐를 추적하다 보면 동성애라고 해서 모두 똑같은 건 아니라는 사실을 알 수 있습니다.

세상 사람들은 다 똑같다는 말들을 하곤 합니다. 남자든 여자든 똑같고, 한국이든 외국 사람이든 똑같다고 말합니다. 하지만 정말로 똑같은 두 사람은 이 세상에 존재하지 않습니다. 당연한 일이겠죠. 그럼에도 불구하고 똑같다고 말하는 건 사람들 사이에 있는 미세한 차이점들에 주목하지 않기 때문입니다. 집중하지 않으면 잘 보이지 않는 차이점들을 모두 잘라내고 사람들을 무조건 같은 수준에 놓습니다. 내가 이미 알고 있는 것들을 확인하기 위해서 타인들을 보게 되면 이런 일이 생기죠. 이렇게 되면 우리는 사람에 대해서 아무것도 알 수 없습니다. 그저 같은 점만을 계속해서 반복해서 보게 될 뿐이죠.

주체성을 연구하기 위해서는 이 작은 차이점들에 주목해서 파고들어야 합니다. 그리고 이 작은 차이점들을 알기 위해서는 주체의 이야기를 주의 깊게 들어야 합니다. 왜냐하면, 증상의 구조는 주체의 담화 속에 있는 논리구조를 분해하고 해석하는 작업을 통해서만 알 수 있기 때문입니다. 즉, 그 차이점들을 파악하기 위해서는 한 사람을 만나서 주의 깊게 그 사람의 이야기를 오래 듣는 방법뿐이 없습니다.

이렇게 만들어낸 지식은 보편성이 담보되지 않는 지식입니다. 지금 만나서 이야기를 나눈 사람의 히스테리 구조가 위와 같이 밝혀졌다고 해서 다음 사람 역시 같으리란 보장이 없습니다. 그래서 심리학은 통계를 내고 설문지를 돌립니다. 보편성을 확보할 수 있다고 생각하기 때문입니다. 하지만 이 방법이 정말 적절할까요? 일만 명에게 설문지를 돌린다고 해서 일만 한 번째 사람이 설문지에 나온 결과와 똑같은 이유 때문에 행동하는지 아닌지는 알 수 없습니다. 남성의 99%가 이성애자라는 연구결과가 있다고 해서 내가 지금 만나고 있는 남성이 이성애자일지는 확신할 수 없습니다. 게다가 같은 이성애자라 할지라도 이성을 좋아하는 이유가 각각 다를 수 있습니다. 이 차이는 심도 깊은 면담을 통해서만 찾아낼 수 있습니다.

물론 정신분석도 보편적인 지식들을 추구합니다. 하지만 이 지식은 끊임없는 수정에 대해서 열려 있는 지식입니다. 만고불변하고 움직이지 않는 진리가 아닙니다. 새로운 사람을 만나면 마치 처음 만나는 사람인 것처럼 자신이 가지고 있는 모든 지식을 내려놓고 분석에 임해야만 새로운 것들을 알 수 있습니다. 내가 알고 있는 것들과는 다른 무엇을 타자가 보여줄 때, 우리는 그것이 정말로 새로운 것이라는 사실을 알 수 있습니다. 그리고 그를 통해서 새로운 지식들을 알게 되면 기존의 지식은 그 새로운 지식을 포함해서 설명할 수 있는 방식으로 수정됩니다.

 분석가는 아무것도 모르는 상태에서 분석에 임해야 합니다. 결과적으로 거기서 다시 정신분석이 재발명됩니다. 정신분석은 끊임없이 재발명되는 겁니다. 정신분석은 지식의 집합이 아닙니다. 이미 완성된 지식들의 집합이 아니라는 것이죠. 지식의 집합이라면 적용되는 수준에 머무르는 겁니다. 이미 알고 있는 것들을 통해서 현상을 설명하는 겁니다. 오히려 정신분석은 방법에 가깝습니다. 상황을 이해하는 방법, 지식을 만들어내는 방법론이죠. 보편타당하게 모든 상황에 적용될 수 있는 지식은 아니지만, 구체적인 상황을 명징하게 이해하고 또 변화시킬 수도 있는 지식입니다. 정신분석이 추구하는 지식은 바로 이런 지식입니다.

epilogue

환상을 넘어서 주체로

어린 시절, 어른들은 TV를 바보상자라고 불렀습니다. TV를 많이 보면 바보가 된다고 해서, 그만 보고 방에 들어가서 공부를 하라고 이야기하곤 했습니다. TV에서 재미있는 것들을 많이 해주는데 그것을 못 보게 하니 어른들이 미웠지만, 차마 어른들의 말을 어길 수는 없어서 억지로 공부를 하는 시늉들을 하곤 했죠. 그땐 이 이유를 알지 못했습니다. 어른들은 TV를 실컷 보면서 저만 못 보게 하는 게 불공평하다고 생각하기도 했습니다.

하지만 정신분석을 전공하고 인간의 정신생활을 관심 있게 관찰하면서 TV가 바보상자인 이유를 한 가지 알게 되었습니다. 우리가 보는 방송에는 대체로 멋있는 사람들이 나옵니다. 잘 생기고 예쁜 연예인들, 멋진 몸매를 가진 사람들이 나오죠. 또 멋진 집에서 살고 직업적으로 성공을 거둔 사람들이 나와서 자신의 이야기를 하곤 합니다. 드라마에서는 온갖 역경을 헤치고 사랑을 성취하는 이야기도 나오고요. 그러면서 TV를 보는 우리는 그 TV 속 삶을 부러워합니다. 저 사람들처럼 멋지게 살고 싶은 욕망이 생깁니다. 이러다 보니 TV 속 사람들이 갖고 있는 물건 같은 걸 많이 사게 됩니다. 연예인이 입은 옷을 입으면 나도 한순간 연예인이 된 것 같은 생각이 드는 것이죠.

연예인이라는 멋진 사람들을 따라 하다 보면 문제가 생깁니다. 연예인의 삶은 화려해 보이지만 나 자신의 삶이 비루한 것처럼 보입니다. 연예인들은 크고 넓은 집에서 살고 멋진 외모를 가지고 있습니다. 사람들은 연예인들을 선망의 시선으로 바라보고 지금 TV를 보는 우리도 선망의 시선으로 바라봅니다. 하지만 TV에서 눈을 돌린 다음 내 삶을 바라보면 내 삶은 너무나도 비참하고 하잘 것 없어 보입니다. TV 속 사람들처럼 아름답지도 않고, 돈이 많지도 않습니다. TV 속 연인들은 너무나도 아름답게 사랑하는 것 같은데 나의 애정 생활은 그렇지 않습니다. 그러니 다른 사람들이 나를 동경하는 눈빛으로 바라볼 일도 없죠.

TV는 인간에게 세상을 보여줍니다. 인간은 세상을 전부 볼 수 없으니 TV를 통해서 세상을 간접 경험할 수 있습니다. 그런데 사실 TV는 진짜 세상을 보여주지 않습니다. 진짜 세상을 보여주는 프로그램 장르를 다큐멘터리라고 하죠. TV는 다큐멘터리만 보여주지 않습니다. 사람들은 다큐를 보면 지루해하고 심지어 고통스러워합니다. 그 이유는 우리의 삶과 너무나 밀착되어 있기 때문이기도 하고, 세상에 분명히 존재하지만 보고 싶지 않은 모습들을 보게 되기 때문입니다. 사실 우리는 우리 삶이 고통스럽고 그렇게 아름답지 않다는 사실을 알고 있습니다. 그렇기 때문에 TV 프로그램의 대부분은 우리가 보고 싶어하는 모습, 좋아하는 모습만 보여줍니다. 보고 싶지 않은 모습들을 감춰버립니다. TV는 환상을 보여줍니다. 이것을 보면 즐겁게 되고 현실과 마주하는 데서 오는 고통으로부터 잠시 벗어날 수 있습니다.

TV 속 세상은 환상입니다. 만들어진 세상이죠. 그런데 이상하게도 그 환상이 우리의 삶을 잠식하기 시작합니다. 실제 우리가 살고 있는 삶은 비정상적인 것처럼 보이기 시작하고 TV 속 세상이 현실이 되어버리는 겁니다. TV 속 연예인들은 진짜 세상을 살고 있는 것처럼 보이지만 마치 우리는 그 삶을 살지 못하는 것처럼 보입니다. 그렇기 때문에 우리는 TV 속 사람들처럼 살고 싶어 하고 동시에 내 모습을 바꾸고 싶어 합니다. 물론 우리는 TV 속 세상이 편집된 가짜 세상이라는 것을 알고 있습니다. 하지만 우리가 느끼는 그 부러움이나 즐거움은 진짜고, 따라서 그것처럼 되고 싶은 것이죠.

　TV가 바보상자인 이유는 바로 내 삶을 사랑하지 못하도록 만들기 때문입니다. 내 삶에 관심을 기울이지 못하고 그것을 보지 않으려고 합니다. 많은 사람들로부터 박수를 받으면서 노래하는 사람의 삶이 멋져 보이지 먹고살기 위해서 일하고 공부하는 내 모습은 멋져 보이지 않습니다. 그래서 TV 속 사람들처럼 되기 위해서 열심히 노력하지만 사실 쉽지 않습니다. 노력해도 결과가 나오지 않을 수 있죠. 세상이 불공평하다는 생각이 들 수도 있고, 자신에게는 마치 재능이 없는 것처럼 보이기도 합니다.

　수많은 사람들이 멋져 보이는 삶을 살고 싶어 합니다. 이들이 말하는 멋져 보이는 삶이란, 다른 사람들로부터 관심과 찬사를 받는 삶입니다.

멋져 보이고 싶어 하니까 내 모습을 자꾸 바꾸려고 합니다. 내 진짜 모습은 그 멋진 모습과는 사뭇 다르지만, 그 모습이 되기 위해서 노력하죠. 특히, 한국에서는 이것이 심한 것 같습니다. 이것을 가장 잘 보여주는 문화현상이 바로 성형문화입니다. 내가 가진 원래 모습이 아니라 이상적이고 아름답다고 생각하는 그 모습이 되기 위해 수술을 합니다. 연예인 사진을 가져가서 이 사람처럼 해주세요라고 말하죠. 건강상의 문제가 아니라 찬사받고 관심받기 위해서 수술을 하는 것이죠. 사람들은 성형을 일종의 자기 개발이라고 말합니다. 이는 아름답지 못한 외모는 개발되지 않은 외모이고 반드시 고쳐져야 하는 것이라고 생각하는 것이죠. 성형을 통해 아름다워지는 것 자체가 문제는 아닙니다. 진정한 문제는 그런 방식으로 추구하는 아름다움이 획일화된 아름다움이라는 데 있습니다.

특이하게도 한국의 문화는 각각의 주체들이 가진 특성들을 감추거나 제거해야 한다고 강요합니다. 한국 사람들은 다른 사람들과 같아지길 원하지 나만의 모습으로 살고 싶어 하지 않습니다. 다른 사람들이 20대에 직장을 가진다면 나도 20대에 직장을 가져야 합니다. 다른 사람들이 결혼하고 아이를 낳는다면 나 역시 그래야 한다고 생각합니다. 그러면서 그렇게 살지 못하는 삶을 틀린 삶이라고 말합니다. 그 사람들을 비정상이라고 비난하고, 뭔가 잘못되었다고 말합니다. 약간 우월감을 즐기는 사람들도 있습니다. 다른 사람들보다 우월한 삶을 살고 있는 생각이 주는 나르시시즘적 만족감을 즐기는 것이죠. 학교에 다니면서 '다른 것은 틀린 것이 아니다.'라고 배우지만 한국 문화에서는 다른 것은 틀린 것이 되어버립니다. 다른 것이 틀린 것이 되어버리니 하나의 옳은 모습을 따라서 살아야 하는 것이죠.

이런 세상 속에서 살다 보면 주체는 자신의 모습을 잃어버리게 됩니다. 정해진 수순을 따라서, 옳다고 간주되는 모습들을 이루기 위해서 살다 보면 내 삶의 스타일을 잃어버리게 됩니다. 스타일을 잃어버리는 게 무슨 문제가 될까요? 주체가 자신의 스타일을 잃어버리고 획일화된 삶을 살게 되면 실제적인 방식으로 고통받습니다. 남들이 제시하는 삶을 따라서 살다 보면 이런 생각이 듭니다. '내 삶을 살고 있지 못하다거나 삶이 즐겁지 않다. 이렇게 사는 게 무슨 이유가 있나?' 하는 것이죠. 삶이 즐겁지 못하고 고통스러워지게 되는 것이죠. 이를테면 아직 결혼을 하고 싶은 게 아닌데 '사람은 결혼을 해야지.'라는 생각 때문에 결혼을 한다면 사실 결혼 생활에 문제가 생길 가능성이 매우 큽니다. 내가 하고 싶은 것들을 포기하고 결혼을 선택하게 된 것이고, 그만큼 배우자에게 요구하는 게 많아지게 됩니다. 배우자가 요구를 들어주지 않으면 불행하다는 생각이 들게 되죠.

세상을 사는 것이 즐겁지 않다면, 심지어 고통스럽다면 이것은 우리가 원하는 삶을 살지 못하고 있다는 것을 뜻합니다. 사실 대부분 사람들은 이를 알고 있고 자신이 원하는 모습대로 살면 행복해지리라는 사실을 알고 있습니다. 하지만 사람들이 자신의 욕망에 따라 살지 못하는 까닭은 바로 두렵기 때문입니다. 사회로부터 소외되고 다른 사람들로부터 손가락질받을 수 있다는 생각이 들고, 또 인생을 망칠 수도 있다는 생각을 하게 되기도 합니다.

이 부담 때문에 사람들은 남들이 시키는 대로 살아갑니다. 사실 내가 원하는 대로 살면 그에 대한 책임을 내가 온전히 져야 합니다. 하지만 남이 시키는 대로 살거나 자신에게 주어진 수순대로 살았지만, 일이 잘못되었다면 세상을 탓하면 됩니다. 내가 잘못된 게 아니라 세상이 잘못된 것이고, 내 삶에 있는 고통은 세상 때문이라고 말할 수 있게 되는 것이죠. 내 잘못은 없다는 말이 가능해집니다. 그래서 책임지는 것에 대한 불안 대신 고통을 선택하는 겁니다. 그렇기 때문에 많은 사람들이 세상 살기 힘들다고 불평하면서도 변화하지 않고 그대로 사는 것이죠.

하지만 이런 경우도 있습니다. 세상이 제시하는 이상적인 틀에 맞추기 위해서 열심히 살다 보니 어느 순간 회의감이 듭니다. 열심히 살았는데도 다른 사람들이 알아주지 않을 때입니다. 그래도 열심히 살았지만 누구도 알아주지 않을 때, 오히려 성과를 내기 위해서 너무나도 노력했지만 '네가 충분히 노력하지 않아서 그랬다'는 비난을 들을 때, 또 열심히 살았지만 내가 생각했던 즐거움을 얻을 수 없을 때, 주체는 답이 없다고 느낍니다. 주체는 그런 삶에 무슨 의미가 있는지 묻게 되고 과연 세상이 정말 옳은 것인지, 우리 자신이 정말 잘못된 것인지 의문을 가지게 됩니다. 주체는 삶에 환멸을 느끼게 되고 세상에 대해서 반항하게 되고 저항하게 되죠.

정신분석이라는 학문은 이 같은 주체들을 만나면서 발명되었습니다. 최초에 정신분석을 받았던 환자들은 여성들이었습니다. 당시 사회는 여성에게 충동을 억압하고 사회에서 제시되는 여성성이라는 틀에 맞춰서 살도록 강요했습니다. 자신이 하고 싶은 일이 있다 하더라도 참아야 했고 그러한 성충동이 잘못된 것이라고 배웠죠. 성적으로 금욕해야 한다는 명제가 여성들에게 주어졌습니다. 자신의 즐거움보다는 여성성이라는 이상에 맞춰야 한다는 의무가 부과되었죠. 여성들은 이상에 맞추기 위해 스스로 노력했지만 그것을 불가능하다고 느꼈습니다. 사실 불가능한 일입니다. 이러한 상황 속에서 여성들은 만족을 상실하게 되었고 그 결과 병에 걸리게 되었습니다. 바로 히스테리라는 병이었죠. 프로이트는 이 환자들을 만나고 이들이 억압해놓은 충동이 무엇인지 밝히기 위해서 노력했습니다. 이를 통해서 주체가 억압에서 벗어나 자신의 모습을 되찾을 수 있도록 도왔던 것이죠.

억압을 통해 감춰놓은 것들은 바로 우리의 실재입니다. 실재는 아름답지 않고 남들에게 보여주기 부끄럽고, 또 죄스러운 모습들입니다. 그렇기 때문에 우리는 실재를 감춥니다. 실재를 감추고 나면 이상적이고 아름다운 모습들이 나타납니다. 바로 환상이죠. 그리고 환상이 우리의 현실이 되고, 우리의 실재는 비현실적인 것이 되어버립니다. 환상을 추구하는 상태에서 실재와 대면하는 일은 우리를 괴롭게 만듭니다. 하지만 그 실재로부터 눈을 돌릴 수는 없습니다. 왜냐하면, 실재라는 것은 언제나 존재하고 있는 것이기 때문입니다. 실재를 회피하는 것은 불가능하다는 것이죠. 그것은 이미 우리의 일부입니다. 프로이트가 말했던 것처럼 억압해놓은 것은 언제나 되돌아오기 마련입니다.

실재와 대면하는 일은 너무나 고통스럽습니다. 타자 앞에서 나의 실재가 드러나게 될 때 자아는 체면이 깎였다고 느끼고 자존심에 심각한 상처를 받습니다. 바로 나르시시즘적인 상처를 입게 되는 것이죠. 그래서 타자를 비난하거나 자기 자신을 비난합니다. 그렇기 때문에 자아는 실재적인 무의식과 대면하는 것을 피하려고 합니다. 하지만 그럼에도 불구하고 우리는 우리의 실재를 대면해야만 합니다. 실제의 모습과 대면하지 않고서는 변화를 줄 수도 없기 때문입니다.

정신분석은 이상이 아니라 실재를 추구합니다. 이상과 환상은 아름다울지언정 우리의 현실이 아닙니다. 환상 속에서 살면 여전히 주체는 아름다운 세상을 살 수 있을지 모릅니다. 하지만 그것은 거짓된 모습이고, 결국 주체는 소외감을 느끼게 됩니다. 바로 이 때문에 정신분석은 자아가 쌓아놓은 환상과 이상의 건축물들을 파괴하고 무의식으로 인도합니다. 정신분석은 매우 잔혹한 실천입니다. 사람이 갖고 있는 환상을 파괴하고 그것들을 넘어서도록 만들기 때문입니다.

신경증자는 정해진 틀에 맞추려 하고 그 완벽한 모습이 되지 못한 나를 비난합니다. 환상을 이루는 것은 애초에 불가능하지만, 우리는 마치 그것이 우리의 잘못인양 비난합니다. 즉, 우리가 이상적인 모습이 되지 못한 이유를 무능력 때문이라고 생각합니다. 정신분석은 무능력함을 불가능함으로 바꾸는 작업입니다. 내가 이상처럼 되지 못한 이유는 내가 부족하기 때문이 아닙니다. 애초에 이상을 이루는 일 자체가 불가능하기 때문입니다. 그 완벽함과 완전함이 아무것도 아니라는 사실을 알 때 우리는 자신만의 모습을 되찾을 수 있습니다.

충동의 주체와
정신분석 임상

펴 낸 날 2019년 4월 15일

지 은 이 신한석
펴 낸 이 이기성
편집팀장 이윤숙
기획편집 최유윤, 이민선, 정은지
표지디자인 최유윤
책임마케팅 임용섭, 강보현
펴 낸 곳 도서출판 생각나눔
출판등록 제 2018-000288호
주 소 서울 잔다리로7안길 22, 태성빌딩 3층
전 화 02-325-5100
팩 스 02-325-5101
홈페이지 www.생각나눔.kr
이 메 일 bookmain@think-book.com

- 책값은 표지 뒷면에 표기되어 있습니다.
  ISBN 979-11-966724-4-7 03180

- 이 도서의 국립중앙도서관 출판 시 도서목록(CIP)은 서지정보유통지원시스템 홈페이지 (http://seoji.nl.go.kr)와 국가자료공동목록시스템(http://www.nl.go.kr/kolisnet)에서 이용하실 수 있습니다(CIP제어번호: CIP2019013089).

Copyright ⓒ 2019 by 신한석 All rights reserved.
· 이 책은 저작권법에 따라 보호받는 저작물이므로 무단전재와 복제를 금지합니다.
· 잘못된 책은 구입하신 곳에서 바꾸어 드립니다.